MW01289848

CRYSTAL CLEAR
historias de esperanza

Publicado por Crystal Meth Anonymous, © 2011

CONTENIDOS

PREFACIO

LA PRIMER JUNTA DE ADICTOS ANÓNIMOS A LA METANFETAMINA (CMA en Inglés) TUVO LUGAR EN WEST HOLLYWOOD, CALIFORNIA, en 1994, y desde entonces nuestro compañerismo ha crecido hasta incluir grupos en treinta y tres estados y cuatro continentes. Debido al éxito de nuestro compañerismo, ahora sentimos que es tiempo de compartir nuestras experiencias con otros adictos a la metanfetamina, especialmente con aquellos que no viven lo suficientemente cerca para atender a nuestras reuniones.

En 1935, dos alcohólicos tuvieron una conversación en Akron, Ohio, que comenzó una revolución en el tratamiento de las enfermedades adictivas. Aunque su tratamiento se enfocaba específicamente en el alcoholismo, los Doce Pasos de su programa han probado eficacia en otro tipo de adicciones. Como se menciona en el prefacio de Alcohólicos Anónimos: "Nosotros estamos seguros que nuestra manera de vivir tiene sus ventajas para todos." Para los adictos a la metanfetamina, esto ha sido ciertamente verdadero, y nosotros, los miembros de Adictos Anónimos a la Metanfetamina, presentamos este libro como prueba de este hecho.

Muchos otros libros han sido escritos con instrucciones para trabajar con los Doce Pasos. No estamos intentando lograr esa hazaña aquí. En lugar de eso, esperamos que los adictos a la metanfetamina se identifiquen con las historias y experiencias en este libro, y que muchos decidirán explorar nuestro compañerismo más de cerca.

Antes de venir a Adictos Anónimos a la Metanfetamina (CMA en Inglés), muchos de nosotros no creíamos tener un problema con la

5

metanfetamina, mientras otros sabían que tenían un problema pero no creían que la recuperación fuera posible. Escuchando las historias de otros adictos a la metanfetamina nos comprobó que teníamos el mismo problema, y, a medida que los veíamos recobrar su sobriedad, empezamos a creer que este compañerismo podría funcionar para nosotros también.

Si tú crees que tal vez puedas tener un problema con la metanfetamina, te sugerimos leer este libro con una mente abierta, y, si vives cerca, atender a una de nuestras reuniones. Nuestro compañerismo ha funcionado para miles de adictos, y creemos que puede funcionar para ti también.

— *Sábado 8 de Enero del 2011*

¿ERES UN TWEAKER?

La lectura "¿Eres un Tweaker por culpa de la Metanfetamina?" fue escrita por uno de nuestros primeros miembros para una reunión que comenzó en Mayo del 2000. La lectura fue escrita para dar a los miembros de Adictos Anónimos a la Metanfetamina (CMA en Inglés). "¿Tienes Comportamientos Compulsivos por culpa de la Metanfetamina?" comenzó como algo exclusivo para esa reunión pero pronto se convirtió popular y querido por todos los miembros de Adictos Anónimos a la Metanfetamina (CMA) en todo el país. Fue reconocido como la primera Lectura Aprobada por la Conferencia de Servicios Generales de CMA en Park City, Utah, el 19 de octubre del 2008.

NO IMPORTA COMO LE DIGAS. NO IMPORTA COMO LO HICISTE. Hizo que nos hincáramos, porque sin excepción eso es lo que hace.

¿Es la Metanfetamina un problema en tu vida? ¿Eres un adicto? Solo tú tienes esas respuestas. Para la mayoría de nosotros que hemos admitido nuestra derrota, la respuesta es muy clara. Si, tenemos un problema con la metanfetamina, y no, no pudimos resolver el problema nosotros mismos. Tenemos que admitir la derrota para ganar. La metanfetamina fue nuestro maestro.

Algunos de nosotros usamos metanfetamina para poder trabajar más duro y por más tiempo, pero no pudimos mantener un empleo. Otros se picaban sus caras y brazos por horas y horas o se jalaban el cabello. Algunos de nosotros teníamos deseamos sexuales incontrolables. Otros trabajamos en proyectos sin fin, sin terminar ninguno, y estábamos tan ocupados que nunca llegábamos a tiempo al trabajo.

Otros nos engañábamos pensando que quedándonos despiertos toda la noche estaba bien, que no había ningún problema, y que podíamos parar eso cuando quisiéramos , o que no nos podíamos permitir parar, o que el usar metanfetamina no nos afectaba nuestras vidas. Quizás vimos a algún amigo ir a la cárcel, o perder su departamento, o perder su empleo, o perder la confianza de su familia, o morir, pero nuestra nublada mente no nos dejaría admitir que nosotros éramos los próximos.

La mayoría de nosotros no veía la salida, creíamos que usaríamos metanfetamina hasta el día en que muriéramos. Casi universalmente, si tenemos un momento de honestidad, nos damos cuenta que la metanfetamina hizo parecer insuperables los problemas en nuestras vidas. La única salida era si teníamos el coraje de admitir que la metanfetamina, que alguna vez fue nuestra amiga, nos estaba matando.

No importa como llegaste aquí. A algunos nos envió la corte aquí, otros venimos por familiares o amigos, y otros venimos a Adictos Anónimos a la Metanfetamina (CMA) por cuenta propia. La pregunta es, si tú quieres ayuda y estás dispuesto a hacer lo necesario para cambiar tu vida.

LA HISTORIA DE NUESTRO BILL

La siguiente historia describe como uno de los miembros originales de Adictos Anónimos a la Metanfetamina (CMA) encontró la sobriedad. En CMA, nosotros generalmente tratamos de contar nuestras propias historias en lugar de contar las de otras personas, pero al mismo tiempo que este libro se escribía nuestro compañero había sido recientemente diagnosticado con cáncer y no podía escribirla el mismo. Él nos dio permiso de adaptar un transcrito de una de varias grabaciones de sus conversaciones y revisarla para apegarnos a la realidad. El ya falleció, y nuestra gratitud hacia él es invaluable. Humildemente hacemos este recuento, con nuestro agradecimiento eterno.

MI NOMBRE ES BILL, Y YO SOY UN ADICTO A LA METANFETAMINA.
Ya no luzco como un adicto, pero hasta el día de hoy aún sigo siendo un adicto al crystal. Y este es el único lugar en el mundo donde me puedo parar enfrente de un grupo de personas y decir que soy un mentiroso, engañador, y ladrón. Y cuando termino todos dirán, "Caramba, ¿no fue el genial?" Y esto es porque los miembros de CMA entienden todo eso y comprenden que eso no soy yo. Siempre estoy cómodo cuando me encuentro en un grupo de adictos a la metanfetamina porque puedo hacer algo estúpido y cada uno sabe lo que eso significa. Aquí obtenemos un espacio para crecer y convertirnos en la persona que estamos destinados a ser.
Se supone que debo decir como fue, que pasó, y cómo es ahora. Bueno, solía ser bastante malo. Lo que pasó es que se hizo peor. Pero ahora está muy bien, muchas gracias. Así es en pocas palabras como sucedió. Les diré

un poco más a cerca de mí, y despúes diré algo de la historia de CMA y cómo comenzó.

Nací en Nueva Inglaterra, un maravilloso lugar para crecer. A una temprana edad se me enseñó que la única cosa importante era yo: Mi ropa era la mejor, mis pestañas las mejores — lo que se te ocurra. Fui el primero de una generación, y en mi familia Rusa-Irlandesa, eso significaba mucho. Ellos querían que yo fuera senador o gobernador; sin embargo, eso no sucedió porque resulté homosexual. Eso realmente puede estropear las cosas.

A temprana edad aprendí que podía mentir para obtener cosas. Mis padres, tías, y tíos me preguntaban cuánto los quería, y Yo respondía, "Un balón de futbol." "Un balón de básquetbol." "Un caballo pony." "Un coche." Obtuve todas esas cosas, así que básicamente aprendí la prostitución, no en el sentido literal, pero en el contexto de usar a la gente para obtener lo que yo quería. Mas adelante, este mismo comportamiento se aplicaría al usar drogas: Cada regalo que obtuve se iría en conseguir drogas, más y mejores ataques de drogas, y usando lo que fuera necesario para permanecer lejos, muy lejos "allá afuera."

A la edad de 21 años conocí la metanfetamina, en forma de pastillas. Solía poner una pastilla de metanfetamina en un vaso con agua, me la tomaba antes de ir a la escuela y esto me ayudaba a relajarme y estar al mismo nivel de los demás. También bebía. Empecé con el vino de oporto de mi madre, el cual mezclaba con jugo de uva para que pareciera del mismo color; pero después descubrí que prefería el whiskey escocés, ginebra, vodka, y tequila. Con el paso del tiempo descubrí que; si tomaba dos pastillas de metanfetamina me sentía mejor, y si tomaba un montón más me sentía muchísimo mejor — y podría estudiar. Me podría concentrar en la escuela, leer mis apuntes una vez, obtener la mejor nota, después ir a casa y dormir.

Cuando tenía 15 años, mis padres (con la ayuda de mi doctor) tenían a un drogadicto en sus manos, con pastillas para mantenerme alerta en la mañana y tranquilizantes por la noche. Ese patrón se acentuó y se quedó conmigo hasta que tuve 40 años, con la variante de que eran pastillas para mantenerme alerta en la mañana, y tranquilizantes quince días después. No estoy seguro como sucedió esto, pero me di cuenta que dos o tres días estando drogado eran medianamente aceptables, una semana estaba bien, doce días eran mucho mejor, pero para el día quince yo ya podía cambiar el mundo. Mis amigos y yo movíamos los planetas alrededor y resolvíamos los problemas del mundo, todo esto sentados en la casa de sexo mientras nos drogábamos.

Entonces en alguna ocasión alguien me dijo, "Sabes, esas te las puedes inyectar también." Y pensé, ¿Por qué no? Entonces lo intenté — diecinueve de ellas. Ya había experimentado la adrenalina de estar drogado antes, pero nunca realmente supe lo que eso significaba hasta que comencé a inyectarme. Cuándo se me acabaron las pastillas de metanfetamina compré crystal en la calle; y se convirtió, sin duda alguna, en el lugar más obscuro en el que he estado. Estaba sólo y sin hogar. Algunos de mis amigos me dejaban bañar y comer en sus casas, pero no me dejaban quedarme, así que terminaba durmiendo en alguna lavandería o un parque.

No entendía, sin embargo, cuan ingobernable mi vida se había convertido. Un día un amigo mencionó que una celebridad local estaba de regreso en rehabilitación y yo bromeé diciendo que esta vez se había inyectado whiskey escocés. Mi amigo dijo, "No te puedes inyectar whiskey escocés" entonces yo saqué una jeringa y me inyecté. En otra ocasión iba sentado en un autobús, totalmente sobrio (o al menos eso creía) leyendo un artículo. El hombre junto a mí me dijo, "Tu tendrías mejor que regresar a San Francisco. Aquí te meterás en líos." No comprendí como ese hombre sabía.

No quiero meterme mucho en las historias de las drogas, pero quiero darte una idea de que tan bajo caí. En una ocasión me drogué y me puse un leotardo amarillo de látex con una malla de acero encima, me subí a un árbol en el parque, diciendo, "Chirrido, chirrido!" y no me bajaba. Los bomberos tuvieron que venir y bajarme, pero esa es otra historia.

Hice ocho o nueve intentos para detenerme de golpe sin éxito. Entonces una mañana de Agosto, me estaba preparando mi inyección del medio día, y no pude encontrarme la vena. Me frustré y la tiré, y por alguna razón ya no lo intenté. Entonces pasaron veinticuatro horas sin drogas. Luego pasó un día más. Después pasaron dos semanas y, empecé a pensar, creo que puedo hacerlo.

Después de un mes, estaba en las montañas en mi bicicleta cuando alguien me ofreció una cerveza. Estuve a punto de tomarla cuando me di cuenta que si tomaba tan sólo un trago entonces inmediatamente empezaría a buscar cualquier droga que pudiera encontrar. Empecé a temblar y no me la tomé. Esa misma noche, dije la primer oración que no era un regateo. Dije, "Llévame a casa" repetidamente.

Sin embargo para esa Navidad ya estaba bebiendo de nuevo. Me había estado quedando con un amigo mío que era cantinero, que me dejaba barrer el piso cuando cerraban el bar, y me daba algunas de sus propinas. Íbamos caminando para ir a comer algo cuando él señaló una casa un poco más abajo en la misma calle y dijo que era una casa para alcohólicos y drogadictos en recuperación. Su comentario me pasó inadvertido. No quería escuchar nada acerca de eso.

Extrañamente, más o menos tres días después estaba tocando a la puerta de esa casa. Me abrió la puerta un hombre de más de seis pies de altura y alrededor de 300 libras. El me miro hacia abajo desde donde él se veía enorme y me dijo, "Bienvenido a casa." Entonces supe por primera vez en mi vida que mis plegarias habían sido escuchadas.

Había letreros enormes en todas las paredes como: "Los Doce Pasos," "Las Doce Tradiciones," "Lo Hace Fácil." Al observarlos, se me hicieron familiares. Las monjas en la escuela me habían enseñado a confiar en Dios, ser bondadoso con tu vecino, y amarte a ti mismo, y esto es lo que estos Pasos parecían decir. Es un poco más complicado que eso, pero todavía creo que de eso se tratan.

Los primeros tres Pasos orientan mi vida en cualquier actividad futura. Soy impotente frente a las drogas y el alcohol, y mi vida era ingobernable. Cuando me di cuenta de eso, tuve que pedir ayuda, así que debí preguntar por algo. Eso me llevó al Paso Dos, donde llegué a creer que un Poder Superior a mí mismo podría devolverme el sano juicio. Todavía no sabía lo que era el Poder Superior, sólo que estaba ahí y que podía ayudarme a no tomar alcohol ni usar drogas. Eso es algo de lo que hoy estoy completamente convencido.

En el Paso Tres se me pidió poner mi voluntad y mi vida al cuidado de Dios, como yo lo concebía. No podía creer que me estuvieran pidiendo que pusiera todo en manos de Dios, pero al dar un vistazo a toda mi vida anterior, vi que por los pasados treinta años me había rendido ante las drogas. Las drogas habían controlado mi vida completamente. Todo lo que había hecho lo había visto por medio de mi adicción; y si algo la afectaba, entonces no lo hacía. Me pidieron que me rindiera ante el Poder que me podría mantener sobrio y reparar mi vida, así que lo hice.

Caminando en el otro extremo vi este otro Paso, Diez, el cual decía que continuara haciendo un inventario personal y cuando estuviéramos equivocados, admitirlo sin demora. Cuándo me he equivocado? Quizás dos o tres veces desde 1952, pero por lo demás siempre estaba en lo correcto. Algunas mañanas me despertaba sabiendo que me habían golpeado la noche anterior; sin embargo no sabía por qué, ya que no había hecho nada malo. Decidí volver a este paso más adelante.

En cuanto a los pasos de en medio, el primero es el inventario (Cuatro). Yo no hice el mío de la forma normal, pero hice mi inventario con la persona con la cual había decidido pasar el resto de mi vida (Cinco). Definitivamente estaba listo para que Dios me removiera todos mis defectos de carácter, pero no todos al mismo tiempo (Seis). Tenía miedo que si eso pasaba me sentiría como una marioneta a la que le hubieran cortado las cuerdas. Estas cosas se habían convertido en mi armas de supervivencia, pero Dios me dio la manera de liberarme de éstos (Siete).

Lo que me dejó este proceso fue una sensación de libertad personal de mí mismo y de las obligaciones con mi alma. No me tenía que preocupar de despertar en medio de la noche recordando algo y diciendo "Oh Dios, oh no." Los Pasos Ocho y Nueve me dieron libertad de todas las demás personas. Ahora puedo ir a cualquier parte del mundo sabiendo que no le debo nada a nadie. Al principio, sin embargo, no podía entender cómo iba a poder hacer enmiendas por todas las cosas que había hecho. La mayoría de las personas relacionadas con mis enmiendas ya estaban muertas, y otras tantas de las que ni siquiera sabía que había dañado como las ondulaciones que se provocan al tirar una pequeña piedra en la superficie de un lago. Estaba batallando con todas estas cosas cuando el mismo hombre que me había abierto la puerta del centro de recuperación me dijo algo muy simple: "Un día estarás parado tu sólo, y Dios te dirá que hacer."

Cada vez que trabajo el Paso Diez, caigo en el mismo comportamiento de antes y pido a Dios que me lo quite para no repetirlo otra vez. Eventualmente la mayoría de estos comportamientos se van yendo, dejando solo algunos que siguen regresando.

El Paso Once me sugirió que rezara y meditara para mejorar mi contacto consciente con Dios como yo lo concebía. Bueno, eso ya lo había estado haciendo — era la persona más espiritual que conocía. Tenía altares de cristal, sacramentos, cruces en todas mis paredes. Siempre estaba rezando. En el Paso Doce, hacemos esto todo el tiempo. Nos reunimos para ayudarnos, para querernos y para apoyarnos mutuamente en la necesidad que tenemos de estar sobrios. Todavía asisto a seis o siete reuniones por semana a escuchar a otros miembros cuando comparten sus historias, especialmente de los nuevos miembros en el programa. Los tiempos en los que usé fue como una película violenta en blanco y negro que sucedió hace treinta años, y pienso, caray ¿Ese era yo realmente? Sin embargo cuando hablo con los nuevos en el programa me veo reflejado en ellos. Se dónde he estado y a dónde podría regresar de nuevo. No es sólo por esto que los nuevos en el programa son las personas más importantes en las reuniones; sino porque ellos me recuerdan lo que se sentiría ser nuevo otra vez.

En mi décimo año de sobriedad dejé de ir a las reuniones por cuatro años completos, entonces me di cuenta que había perdido todo contacto con otros adictos, y después de un tiempo regrese a esas reuniones. El día que estaba celebrando mi decimocuarto aniversario en la casa de recuperación entró un joven de 18 años tan drogado que creía estar patinando en el techo de la habitación. El terminó viviendo en esta casa de recuperación y me convertí en su padrino. Comencé a llevarlo a reuniones.

El haber estado sobrio por catorce años pero alejado de las reuniones por cuatro, me hizo darme cuenta que la metanfetamina todavía existía. Además de solo unos cuantos profundamente adictos; los "tweakers" habían casi por completo desaparecido de la escena cuando yo encontré mi sobriedad, pero sin embargo se hacían presentes en estas reuniones otra vez. Nunca los elegirían para hablar, aun cuando tuvieran su mano levantada durante toda la reunión. En una ocasión le pregunte al secretario porque nunca los dejaban hablar cuando era evidente que querían compartir su historia, y el secretario me respondió, "Por qué son "tweakers" e interrumpen la reunión."

Empecé a pensar en la necesidad de crear un grupo especialmente para adictos a la metanfetamina, y la idea se hacía cada vez más grande. La gente me preguntaba, incluso en las calles, cuando iba a empezar esa reunión. Yo seguía posponiendo la idea, argumentando que no me quería hacer responsable por la sobriedad de nadie, pero un amigo siguió fastidiándome con la misma idea. Discutimos por ocho o nueve meses acerca de empezar esta reunión hasta que finalmente me decidí a escuchar el mensaje que Dios me estaba enviando. Finalmente puse un anuncio que decía: "Reunión de Adictos Anónimos a la Metanfetamina" y se llevará a cabo en tal fecha y lugar. Después de esto me pasé varias semanas robando escritos de otras reuniones para leer en nuestra primera reunión.

El 16 de Septiembre de 1994, tuvimos nuestra primera reunión, a la que atendieron doce personas. Esta primera reunión se tradujo en otras reuniones, después otras más, e incluso más. En un corto tiempo teníamos ya siete reuniones en Los Ángeles, entonces un grupo se formó en Salt Lake City. Después vino Phoenix, acto seguido florecieron grupos por todas partes.

He visitado grupos de Adictos Anónimos a la Metanfetamina (CMA) por todo el país, y he descubierto que somos los mismos en todas partes, ya que todas las reuniones son muy similares entre sí. Todos tenemos la misma tolerancia para con los nuevos miembros. Nos queremos mucho entre nosotros. Podemos ser irreverentes cuando nos sentimos cómodos de saber suficientemente de algo como para hacer una broma y reírnos de la misma. Las palabras en el "Libro Grande" y en el de "Los Doce y Las Doce" son sólo palabras hasta que las ponemos en práctica; es entonces cuando se convierten en un programa.

Estos libros nos recuerdan constantemente que sólo son sugerencias, pero si vamos a seguir el camino de Los Doce Pasos, entonces estas sugerencias se convierten en "imprescindibles." Nosotros necesitamos estos pasos, estos escritos, y estas reuniones, en las que podemos desnudar nuestras almas y sentarnos a escuchar cuando alguien está sufriendo.

Para aquellos que son nuevos, en Adictos Anónimos a la Metanfetamina (CMA) encontrarás solo amor. No es del interés de nadie hacer nada más que cuidar de ti y ayudarte a alcanzar tu sobriedad. Si esto es lo que tú quieres hacer, entonces te podemos ayudar. No lo podemos hacer por ti, pero con mucho gusto te ayudaremos. No puedo imaginarme cualquier otro movimiento en las últimos mil años que haya sido tan beneficioso para nosotros. Muchas gracias Dios Mío por Bill W., Ebby, y por el Dr. Bob (los fundadores de Alcohólicos Anónimos) por haberse detenido suficiente y escuchar su experiencia de "blanca luz"; de lo contrario no estaríamos aquí si no lo hubieran hecho.

Hoy en día, soy el hombre más rico que conozco, porque puedo mirar en cualquier reunión rostros limpios y saludables que podrían estar en la cárcel o en un manicomio. Estos miembros de Adictos Anónimos a la Metanfetamina (CMA), compañeros que fueron seriamente afectados por sus propios actos y que han sabido salir adelante, son quienes están ayudando a otros a permanecer sobrios — uno a la vez — y eso es algo por lo que estaré eternamente agradecido.

HISTORIAS PERSONALES

La mayoría de nosotros nos hemos dado cuenta que entre más hablemos con otros adictos, ya sea en nuestro propio grupo base o alrededor del país, más tenemos en común. Sin importar nuestros antecedentes, descubrimos muchas similitudes en nuestros pasados, y todavía aún más en la solución espiritual compartida que hemos encontrado.

Sin embargo, esas similitudes no siempre fueron inmediatamente aparentes, y muchos de nosotros resistieron incluso el intento de recuperarse, por temor a que nuestra situación fuera diferente: Éramos demasiado únicos, demasiado desesperanzados, o quizás sin suficiente esperanza. Otros habían intentado la sobriedad, recayeron, y creyeron que no tenía caso intentar de nuevo. Cualquiera que hubiese sido la excusa, sin importar nuestra situación, aquellos de nosotros que hemos buscado hemos encontrado la solución en Los Doce Pasos.

En la próxima sección, te presentamos historias de miembros de CMA que describen sus experiencias con la metanfetamina y cómo encontraron la solución. Si eres un miembro nuevo o si has tenido problemas al tratar de permanecer sobrio, te alentamos a que leas estas historias detenidamente. Busca similitudes en lugar de diferencias: Nosotros creemos que si las lees con una mente abierta encontrarás la esperanza y el poder necesario para permanecer sobrio.

Historia Personal 1

AMA DE CASA, MADRE, ADICTA

ESCRIBO ESTA HISTORIA EN LA TARDE DE MI CUARTO ANIVERSARIO DE SOBRIEDAD, y no puedo evitar el reflejo de la persona que era hace cuatro años y en todos los milagros que han ocurrido en mi vida desde entonces. Hace cuatro años, Yo era una ama de casa de 41 años y madre de cuatro. Manejaba una minivan y vivía en un buen vecindario de clase media. No estaba trabajando por que había sido despedida de mis anteriores tres empleos por varios incidentes de ¨contabilidad creativa.¨ Pero, más importante aún, había sido secretamente adicta a la metanfetamina por doce años.

Había hecho mi primer línea de metanfetamina a la edad de 30 años de forma casual como si se tratara de alcohol. Por un momento pensé acerca de los tres años que había desperdiciado haciendo drogas al principio de los 80´s. Pero esto era diferente. Sólo había hecho una línea. Bueno, de algo estaba segura: Eso había sido diferente. Me enamoré de los efectos de la metanfetamina. Podía trabajar diez horas diarias, mantener mi casa impecable, a mi esposo feliz, ser una Supermamá para mis tres pequeñas hijas mientras lucía fabulosa. Dentro de los siguientes cuatro años, había perdido mi empleo de nueve años, mi casa era un desastre, mi esposo no era tan feliz, y mis hijas comenzaron a ser un inconveniente. Tú sabes cómo es, estaban creciendo y requerían más de mi tiempo, mismo del que no disponía. Con toda esta intriga, las escabullidas, y tratando de cubrir lo que estaba haciendo, no tenía siquiera tiempo para atender a las reuniones con los maestros de mis hijas, viajes de estudio, clases de ballet, prácticas de porristas, etc. Pero claro, siempre aseguraba que iba a ir porque las apariencias eran esenciales para mí. Crecí siempre sintiéndome no suficientemente buena, poco popular, y no muy inteligente. Esto no tenía nada que ver con mis padres. Siempre fueron muy cariñosos y me apoyaban. Comencé a sabotear cualquier oportunidad de sobresalir cuando se trataba de popularidad. Aunque no me di cuenta de eso en ese entonces, estaba vacía por dentro y buscada la felicidad en otras personas, lugares, y cosas.

A la edad de 38 años, ya había estado fumando metanfetamina por ocho años. Me estaba empezando a cansar de las consecuencias, las cuales me estaban plagando. Cuando descubrí que estaba embarazada de nuevo, encontré la solución para dejarla. Sentí que había esquivado una bala bastante bien. Mis hijos no sabían. Mis padres no sabían, y la mayoría de mis amigos tampoco. Los que no sabían ya no encajaban en el molde para ser mis amigos. Mi esposo sabía un poco de mi adicción, pero había decidido mantener su sano juicio y paró de confrontarme.

Cuando di a luz por última vez, un hermoso niño, recuerdo haber pensado cuanto tiempo debería esperar antes de llamar al que me vendía droga. Si le llamaba demasiado pronto, incluso ella pensaría que yo era una mala madre. Decidí que tres días había sido suficiente y entonces la llamé. Los siguientes tres años fueron poco menos que el infierno. Anduve saltando de empleo en empleo. Robando del negocio familiar para poder pagar por mis drogas fue historia de todos los días. Entonces terminaba yendo a pedir ayuda a mis padres para poder pagar la cuenta de la electricidad, los médicos de mis hijos, etc. Siempre usaba como argumento que mi esposo no sabía manejar el negocio familiar apropiadamente y por eso necesitábamos ayuda. Arrastré a mi hijo a la casa de la que me vendía drogas más de una vez. Creía que era una buena madre al no traerlo adentro de su casa — Lo dejaba dentro del coche con seguro con el aire acondicionado prendido. Le robé a cualquier persona que estuviera distraída y me justificaba por hacerlo. La única cosa que creí me haría una mala persona era si mi familia descubría mi secreto, Bueno, pues eso fue exactamente lo que sucedió.

Cuando celebramos el cumpleaños 79 de mi padre robé $30 de la cartera de mi cuñado. Cuando mi hermana me confronto más tarde, hice lo que ya era normal en mi: Culpé a alguien más. En esta ocasión, sin embargo, me rebajé aún más y culpé a mi hija de 15 años. Imagínense mi sorpresa cuando mi hermana no me creyó. Ella ya lo sabía. Mi esposo le había dicho que yo consumía drogas y tenía problemas con ello. Ella le dijo que mis padres ya estaban enterados y que estaban dispuestos a pagar por un tratamiento contra las drogas si yo decidía ir. Y como no me iba a permitir lucir mal enfrente de ellos, decidí ir.

Unos días después entré a un programa de pacientes externos de ocho semanas de duración con la intención de limpiarme, hacer a todos felices, y aprender a cómo usar drogas de forma moderada sin tener que sufrir las consecuencias. Nunca pensé que sería necesario —mucho menos posible— permanecer sobria para siempre. Pero algo ocurrió en mi camino a la recuperación. Descubrí que tenía un problema, y sospeché que yo era el problema. Empecé a ir a reuniones por fuera del programa porque era un requerimiento del mismo. En mi primera reunión de CMA, observé gente que se veía verdaderamente feliz, y dijeron que habían tomado la decisión de dejar las drogas de una vez y para siempre. Y yo como adicta activa que era, me sentí condenada; no podía tomar una decisión saludable por mi cuenta aunque mi vida dependiera de ello — sin embargo lo hice.

Seguí yendo a las reuniones porque me sentía feliz y esperanzada cuando estaba ahí. Trabajando los Pasos con honestidad y sin miedo, con un padrino, me permitió empezar a sentirme de la misma manera fuera de las reuniones. Finalmente acepté que mis ideas no estaban funcionando y que con Dios tomando las decisiones, cualquier cosa era posible.

Estos últimos cuatro años han sido asombrosos, un camino milagroso de autodescubrimiento y aceptación. Ahora Dios hace por mi lo que nunca pude hacer yo sola. Hoy en día, soy una esposa, una amorosa y activa madre, una orgullosa abuela de tres, una empleada confiable, y lo más importante, una humilde servidora y miembro agradecido de Adictos Anónimos a la Metanfetamina.

Historia Personal 2

ADICTOS ANÓNIMOS A LA METANFETAMINA (CMA) ME DIO ESPERANZA

UN DIA EN EL OTOÑO PASADO, CUANDO CAMINABA HACIA EL EDIFICIO DONDE iba a empezar a dar una clase a las 8 a.m., decidí que el día de mi muerte había llegado. La decisión no vino de momento — Quizás se me había ocurrido semanas o meses antes. El fin de semana anterior, había manejado a la casa de mi ex para recoger un cachorro que habíamos adoptado juntos, para que todos mis perros estuvieran conmigo antes de morir. Nada en particular había sucedido esa mañana o el día anterior; simplemente era la hora de acabar con tanto dolor. Después de seis años de uso prolongado de metanfetamina — Solía consumir 7 gramos cada fin de semana — había pasado nueve meses sin consumir por completo. Sin embargo mi aumento en la cantidad de alcohol ingerido en ese tiempo y la desesperanza aparente de mi vida me habían convertido en un cascajo de la persona que siempre había querido ser.

Pase ese día haciendo mis actividades normales, fui a trabajar, respondí mis correos electrónicos. Cuando regresé a casa temprano esa tarde, comencé a tomar. Escribí notas de despedida, mismas que dejé sobre el comedor. En el garaje, conecté el escape de mi automóvil a mi ventana, lo sellé con cinta y dejé mi auto encendido por un par de horas para que mi muerte fuera rápida. Había investigado en internet, y sabía que la mayoría de los convertidores catalíticos permiten escapar suficiente monóxido de carbono por el escape para matar a alguien en un espacio cerrado. Coloqué anuncios al frente de mi casa y en las puertas del garaje advirtiendo a cualquiera que entrara sobre los humos tóxicos. Dejé a mis perros en mi cuarto con comida y agua. Envié al final un correo electrónico a una amiga en Nueva York que checa sus mensajes temprano todos los días en la mañana, informándole lo que había hecho, pidiéndole que llamara a la policía, y diciéndole a quien contactar de mi familia para informarles después de mi muerte. Me metí a mi automóvil — sin llorar, sin estar triste, sin miedo — y esperé la muerte.

Pero no sucedió. Después de alrededor de diez minutos, me percaté que no estaba muriendo como lo tenía planeado, aunque tenía problemas para respirar. Sentía que mis pulmones se expandían — de repente pensé que no moriría, pero quedaría como un vegetal y me convertiría en una carga para mi familia. Salí inmediatamente de mi carro y llamé a mi terapeuta pidiéndole que me pusiera en tratamiento en alguna clínica (lo cual él había estado intentando por meses). Mi madre vino desde otra ciudad para recogerme un par de horas más tarde, y eventualmente encontré la manera de entrar a una clínica dónde pude empezar a ir a reuniones de Adictos Anónimos a la Metanfetamina. Ahí conocí gente que compartía mi experiencia y me dieron fuerza y esperanza.

Para mí, sólo dos tercios de la solución espiritual que necesito la puedo encontrar en otros programas — la fuerza y esperanza. La experiencia compartida por los adictos a la metanfetamina es simplemente diferente. Creo firmemente que quien piense distinto es porque no ha sido un adicto a la metanfetamina. Cuando hice mi quinto paso con mi padrino de CMA, él pudo compartir su experiencia conmigo — las sombras de personas, la intensa paranoia, los días de material pornográfico y los chats — y eso se llevó mi vergüenza. Ya no me sentía solo. Era parte de un grupo de personas que no solo entendían de dónde venía, sino que también podían mostrarme en lo que me podía convertir y lo que podía lograr. Mi quinto paso cambió mi vida.

Vivo en un área rural, en donde la metanfetamina es fácil de conseguir; sin embargo, la reunión más cercana de CMA está a cuatro horas de distancia. Voy cuando me es posible, pero sigo trabajando en mis Doce Pasos aquí con mi padrino, que está en otro programa. He encontrado amigos en otras partes del país en CMA con los cuales hablo cuando puedo, y permanezco conectado por medio de internet, sin embargo es mi conexión espiritual de compañerismo lo que más significa para mí. Incluso si la red eléctrica dejara de funcionar mañana y no pudiera comunicarme con nadie, todavía me sentiría como parte de CMA. Es mi hogar espiritual. Las personas de CMA salvaron mi vida dándome algo que estoy seguro nunca experimenté antes: Me dieron esperanza.

Hoy mi vida es maravillosa, soy una persona completa y libre por primera vez en mi vida. No todo es perfecto, pero cuando veo personas sufriendo a mi alrededor, me siento muy agradecido por la libertad y las oportunidades que el programa me ha brindado. He estado sobrio por nueve meses. Por fuera, mi vida no ha cambiado mucho — tengo el mismo empleo que adoro, mismo automóvil y casa, y los mismos perros. Sigo siendo soltero. Lo externo de mi vida antes de mi recuperación se veía bien pero estaba muerto por dentro. Es difícil que pase una semana sin que alguien comente cuán grande ha sido mi cambio — mi panorama, mi actitud, realmente todo acerca de mí. Hoy día, deseo vivir. Abro las cortinas de mi cuarto, camino hacia afuera, respiro aire fresco y estoy feliz de estar vivo.

Historia Personal 3
ROMPIENDO MI RELACIÓN CON TINA

LA SOBRIEDAD ES UN REGALO. ME DIO UNA SEGUNDA OPORTUNIDAD DE VIDA. HACE ALGUNOS AÑOS nunca hubiera admitido que era homosexual, Asiático-Americano, un adicto a la metanfetamina en recuperación. Tengo 30 años, y me tomó veintiséis darme cuenta quien soy y aceptarme. El alcohol y las drogas me atormentaron. Mi vida se volvió verdaderamente ingobernable cuando conocí la metanfetamina, aunque creí tener control cuando la usaba. Cuando se me dio el regalo de la sobriedad, CMA se convirtió en la base de mi recuperación. Hoy en día, estoy feliz conmigo mismo y agradecido por mi vida.

Fui criado en un vecindario de clase media alta en un suburbio del norte de Chicago. Creciendo en una familia Asiática, sabía que era diferente desde un principio. Fui a escuelas con predominante población anglosajona. En la preparatoria, me inscribí en todos los grupos que había. Me decía a mí mismo, "Si tan solo fuera anglosajón, no Asiático…" A los 15 años, me di cuenta que era homosexual. Inmediatamente, empecé a convencer a todos a mi alrededor, incluyéndome yo, que era heterosexual. Quería llevarme mi oscuro secreto a la tumba. Me dije a mi mismo "Si tan solo fuera heterosexual en lugar de homosexual…." Me odiaba a mí mismo.

Durante mis años universitarios, cubrí mi sufrimiento tomando alcohol. Tomaba en grandes cantidades todos los días. Poco tiempo después empecé a fumar marihuana y éxtasis. Como resultado de mi vida alocada, me expulsaron de la universidad. Regresé a vivir a la casa de mis padres en Chicago. Sin haber terminado la universidad, conseguí un empleo en una tienda departamental. Mi autoestima era muy baja. Salía a los clubes, fiestas, a fiestas después de las fiestas, y usé éxtasis cada fin de semana por dos años consecutivos. Mi vida no tenía un rumbo fijo hasta el día que conocí la metanfetamina.

La metanfetamina me colocó en la cima del mundo. Me enamoré instantáneamente. Me sentía invencible, les dije a todos que era homosexual al día siguiente durante la fiesta de Fin de Año. Habiendo estado despierto por dos días seguidos, me subí a una mesa al dar la medianoche y grité, "Hey, préstenme atención todos! Adivinen qué? Soy homosexual!!!" No tenía la más mínima idea que ese sería el comienzo de mi espiral de autodestrucción. Sabía que no podría manejar la situación de confesar que era homosexual, así que usé la metanfetamina para adormecer el dolor.

Cada homosexual que conocía usaba metanfetamina, a la cual le llamaban Tina. Creía que era socialmente aceptable en la comunidad homosexual usar Tina — Pensaba que ser homosexual significaba ir a grandes fiestas, a casas de sexo, tener sexo con muchos desconocidos, y por supuesto hacer muchas drogas. En los siguientes dos años, mi límite cada vez era más bajo.

La ingobernabilidad de mi vida se disparó con la metanfetamina. Esta devastó mi espiritualidad, mi vida emocional, cuerpo, mente, familia, amigos y empleo. La adicción se apoderó de mi mundo. Me sentí abandonado por Dios, y estaba enfadado con El. Perdí la Fe en todo. Le pregunte a Dios, "Porque me hiciste así?" Mis emociones se volvieron caóticas. Mi vida feliz se transformó en discutidora, irritable, rígida y retraída. Me sentía culpable, avergonzado, abandonado y solo. No me importaba mi futuro ni mi propia persona. Me volví impredecible y rajón. Había perdido toda mi autoestima. Mi cuerpo sufría: Estaba convencido que los temblores, alucinaciones y convulsiones eran normales. Creía que estar despierto por cinco días seguidos y después dormir dos era normal. Un día tomé una sobredosis y creí que ese sería mi final.

Mi mente se desmoronó y quedó en ruinas. Usaba metanfetamina para poder realizar cualquier tarea simple, solo para darme cuenta que ni siquiera podía concentrarme. No terminaba nunca lo que empezaba. Mi nublado cerebro me convenció que estaba en mi sano juicio — el resto del mundo se estaba volviendo loco. Me volví paranoico que terminó convirtiéndose en psicosis. Mi familia estaba atormentada. Constantemente peleaba y discutía con ellos, les mentía, e incluso les robaba. A pesar de sus constantes advertencias, no les escuchaba. Pronto empecé a evitar reuniones familiares; no me sentía digno. Perdí su respeto. Mi vida social se volvió destructiva. Dejé de frecuentar a mis amigos que no usaban metanfetamina. Me rodeé por amigos superficiales que solo estaban conmigo cuando tenía drogas para compartir con ellos. Cuando las drogas se acababan, los amigos se iban. Estaba convencido que usar Tina era más importante que las amistades. Tina era mi única amiga. En el trabajo no era productivo. En ocasiones llegaba tarde o simplemente no iba y creía que eso era normal. Me despidieron de un empleo el cual disfrutaba.

Evaluando el grado de impacto de la metanfetamina en mi vida, supe que necesitaba ayuda. Sabía que no podía controlar su uso, pero no sabía a donde acudir. Intenté varias veces parar. Incluso al día siguiente de mi sobredosis volví a usar. Era impotente contra mi adicción. Quería cortar lo que me ataba a Tina. Mi vida era desastre tras desastre —Había perdido absolutamente todo. Entonces grité, "¿Algún día va a terminar esta telenovela?"

Mis padres me llevaron a tratamiento en los primeros días de Abril — Ese día empezó mi sobriedad. Eso es lo mejor que me ha pasado en la vida. Ese día, finalmente me rendí y admití mi derrota. Durante mi recuperación, aprendí que hay vida después de la metanfetamina.

Entrar en el proceso de recuperación fue duro al principio. Le tuve que pedir ayuda a todos, porque lo que había intentado antes nunca había funcionado. Tuve que aprender de nuevo todo. Tuve que reestructurar mi sistema de creencias. Cuando fui a mi primera reunión de CMA, me di cuenta que no todos los homosexuales usaban metanfetamina, y eso me desconcertó. En ese momento empecé a creer que la recuperación era posible.

Hoy en día me siento vivo. Incluso después de cuatro años de sobriedad, todavía estoy en mi nube rosa. He aprendido a aceptarme por quien soy. De vez en cuando todavía pienso en la metanfetamina, pero ahora tengo el coraje y la fuerza para perseverar a través de mis dificultades sin usar. La fuerza motriz en mi recuperación es la esperanza.

Habiendo perdido todo por mi adicción, estoy agradecido que mi vida haya cambiado de dirección. Tengo salud. Tengo la renovada confianza de mi familia. Estoy rodeado de verdaderos amigos. Regresé a la universidad y terminé mi licenciatura; ahorita estoy cursando un posgrado. Tengo el empleo de mis sueños. Vivo en un condominio fabuloso. Me encanta tocar en la orquesta, DJ, bailar y he encontrado otras muchas maneras de expresiones creativas. Se que soy capaz de hacer cualquier cosa.

Trato de trabajar en mi programa de recuperación al máximo. Voy a reuniones de CMA varias veces a la semana. Hablo con otros adictos y alcohólicos en recuperación. Mantengo al menos un servicio todo el tiempo. Hago el trabajo sugerido. Trato de vivir una vida espiritual. Me siento muy afortunado de que la recaída no ha sido parte de mi historia — He hecho bastante investigación! Solo por hoy, hago lo que tengo que hacer para permanecer en el camino de la recuperación.

Desde que he estado sobrio, vivo en alegría. Alegría es la aceptación total del mundo como es. Soy el adicto más feliz que conozco. Auto-aceptación es una de las herramientas más importantes que he aprendido, pero hay que esforzarse. Cuando era joven, nunca pensé que sería un adicto — pero eso es lo que soy. Ya lo he aceptado. Hoy me siento cómodo en mi propia piel. Siento una gratitud tremenda por mi vida, por mi familia y amigos, y por mi recuperación. Estoy muy agradecido por todo lo que tengo. Doy gracias que mi vida ya no está centrada en las drogas, bares, casas de sexo, y drama.

Le debo mi vida a CMA. La mayoría de mis amigos forman parte de esta. Verdaderamente no sé dónde estaría hoy si no fuera por CMA. Hay tantas bendiciones aquí que no he encontrado en ningún otro lugar. Los enlaces que he formado, la ayuda que he recibido, y el amor que siento son sólo algunos de los regalos que he encontrado — y sólo los he podido encontrar en CMA. Con la ayuda de CMA, mi vida continúa mejorando. He aprendido felicidad, alegría, auto-aceptación y gratitud. Me amo a mi mismo. Hoy me puedo mirar en el espejo y orgullosamente decir que soy un homosexual Asiático-Americano, un adicto a la metanfetamina en recuperación y orgulloso de ser parte integral de CMA.

Historia Personal 4
LA HISTORIA DEL DOCTOR

MIENTRAS ME SENTABA EN EL ÁREA DE ENCERRADOS DEL CENTRO DE TRATAMIENTO, ME DECÍA A MI MISMO, esto no estaba dentro del plan. Unas horas antes uno de los jefes de ese departamento me había llamado a su oficina para una reunión. Me imaginé que querrían hablar conmigo a cerca de porque siempre llegaba tarde, y como me acababan de dar una evaluación bastante mala desde mi pobre juicio médico hasta mi letra ilegible, me imaginé que debería estar preparado para cualquier cosa. Entré a la reunión practicando mis excusas, pero esta vez algo era diferente. Otros seis médicos estaban ahí — junto a un guardia de seguridad de unas 300 libras con una macana de policía, sólo para asegurarme que entendía el mensaje. Me dijeron que iba a ir a un tratamiento contra las drogas, voluntaria o involuntariamente. En las reuniones de CMA, la gente habla del momento en el que se rindieron, pero esto era una emboscada y fui tomado prisionero.

El plan había sido divertirse cuanto fuera posible sin morir en el proceso. Empecé a beber de forma regular cuando estaba en la universidad y en la escuela de medicina, pero me desagradaba la idea que después de un rato perdía la consciencia. En mi cuarto año en la escuela de medicina probé éxtasis y después metanfetamina, y esa fue otra historia completamente distinta. Podía estar en una fiesta toda la noche, luego, después de un pase y un cambio de ropa, estaba listo para irme al hospital y ser un Super Médico Residente. Lo tenía controlado; pensé, porque tenía las agallas de doblar las reglas — las cuales no se aplicaban a mí de todos modos. La metanfetamina hacia todo mejor, desde el trabajo hasta el sexo pasando por el supermercado.

Finalmente había encontrado la pieza que me había faltado toda la vida. Todo era acerca del poder y control. Antes de la metanfetamina, batallaba con cosas simples, pero con las drogas, tenía el sentido de un poder instantáneo sobre todos mis problemas. (No hace falta mencionar que nunca solucioné nada cuando estaba drogado; pero la percepción era lo importante). Mi problema más grande era tener algún surtidor confiable, así que me aseguré de tener varios contactos para tener todo bajo control. Pero especialmente necesitaba tener control sobre las drogas. La solución, pensé, era poder manejar los efectos colaterales o secundarios. Me convertí en un maestro de los fármacos recreacionales, memoricé muchas medicamentos que podrían ayudarme con los temblores, el insomnio, y la depresión después de una larga fiesta. Siempre y cuándo pudiera cubrirlo, me saldría con la mía — así que eso no era un problema.

Eso era en la teoría; porque inyectándome metanfetamina mientras practicaba la medicina al mismo tiempo no funcionó muy bien. Unos cuántos errores por descuido aquí y allá se convirtieron gradualmente en serios errores de juicio, incluyendo el dejar a un médico residente sólo con un paciente gravemente enfermo mientras yo estaba dormido exhausto en otro cuarto, todo esto requirió de mentiras bien elaboradas para cubrir mis errores. No importa porque tanto tiempo me mantenga sobrio, nunca podré reparar el daño causado a todos los pacientes que descuidé cuando estaba drogado.

Las veces que pude llegar a trabajar, estaba muy drogado para atender algún paciente o estaba durmiéndome después de una larga juerga, y mi apariencia era de alguien que acabara de salir de un campo de concentración. Cuándo los directores del programa me preguntaron acerca de todo esto, hice lo que cualquier buen adicto — mentí. Les dije que estaba deprimido o en una mala relación o incluso que acababa de salir de una mala relación — lo que fuera menos admitir la realidad. Perdí muchas horas de energía cubriendo mis mentiras, pero a esas alturas sólo era control del daño y ni siquiera estaba haciendo un buen trabajo en ese sentido.

En la noche al llegar a mi casa me sentaba en el sillón a ver el sol desaparecer y tratando de convencerme a mí mismo sobre cómo usar el plan de contingencia que tenía en la cocina para poder dejar de usar metanfetamina. De alguna manera, no podía sacarme de la cabeza la idea de que podría componer mi situación, pero no tenía idea por dónde comenzar. Rendirse, por supuesto, era algo impensable. La necesidad de usar era tan abrumadora que estaba convencido que la única manera de salir de esto era morir. Si algo va a suceder, pensé, espero suceda pronto.

Bueno, algo sucedió, y la última cosa que recuerdo, son esas puertas del hospital psiquiátrico cerrándose detrás de mí. Cómo era usual en mí, mi primer reacción fue pelear, pero por alguna razón eso no parecía una opción viable en ese momento. Se me acabaron las ideas, y además, estaba atrapado sin automóvil detrás de una puerta cerrada con llave y lejos de casa. (Estar dispuesto puede venir en diferentes formas a veces.) La única alternativa era ir con la corriente. Estaba convencido que la sobriedad no funcionaría conmigo, pero pensé que si dejaba a alguien más estar a cargo del espectáculo por algún tiempo y mi vida se partía de nuevo en mil pedazos, entonces tendría a quien culpar por mi cambio.

Cuando estaba considerando mi plan, un insólito pensamiento me vino a la cabeza: Tú sabes, existe la posibilidad que tu estés equivocado acerca de ciertas cosas. Honestamente nunca había considerado esta opción antes. Yo siempre asumí que mis conclusiones eran absolutamente correctas, de modo que mis acciones estaban completamente justificadas. Desafortunadamente, mis convicciones acerca de mi propia infalibilidad también me atraparon en el camino de la autodestrucción, completamente incapaz de crecer. (Hoy en día, una de las piedras angulares de mi recuperación es el estar dispuesto a cuestionarme todo lo que creo que se acerca de mí mismo.)

Finalmente decidí seguir las instrucciones lo mejor que pude de acuerdo a mis habilidades y con una mente abierta. Después de esto, las cosas mejoraron mucho bastante rápido. Esas instrucciones resultaron ser muy simples:

1.- Ir a las reuniones.
2.- Conseguir un padrino.
3.- Trabajar los Pasos.
4.- Trabajar con otros.
5.- Aprender a orar.

Se me dijo que si hacía estas cinco cosas entonces nunca tendría que usar metanfetamina otra vez. En ese tiempo esas cinco cosas me funcionaron y me siguen funcionando años después. En particular, la gente me dijo que era importante trabajar con los nuevos miembros del grupo desde el comienzo, incluso si yo seguía contando mis días uno por uno. Recuerdo haber visto gente que decía haber estado sobria por años y pensaba, Ellos están mintiendo o quizás nunca usaron tanta metanfetamina como yo. Sin embargo, si podía creer que alguien pudiera estar sobrio por un par de semanas. Fui capaz de tomar una gran cantidad de esperanza de gente que empezó a venir al programa justo antes de mí, mientras las personas con más tiempo me enseñaban la solución. La recuperación en CMA es de verdad un esfuerzo de grupo.

Orar fue más que un problema. Yo era ateo y no tenía absolutamente ningún deseo de ¨encontrar a Dios.¨ Afortunadamente, las instrucciones sólo dicen que necesito encontrar ¨una Fuerza más grande que yo¨ y no especificaron que tenía que ser ese Poder. Mi primer concepto fue mi grupo, ya que ellos habían aprovechado claramente un recurso que yo aun no tenía. Comencé a ver el trabajo de ese Poder en mi cuándo hice mi inventario moral y empecé a enmendar mi pasado. La necesidad de usar desapareció, y, más increíblemente, problemas con los que había batallado desde mi adolescencia comenzaron a solucionarse sin un mayor esfuerzo de mi parte para arreglarlos. Un día, simplemente di gracias por como las cosas habían cambiado en mi vida y solo dije ¨gracias¨ en voz alta a nadie en particular. Después de eso, orar fue sencillo.

No había un grupo de CMA en nuestra área cuando me recuperé, lo cual me dificultó un poco encontrar otros adictos que intentaban permanecer sobrios. Algunos de nosotros finalmente nos conocimos y empezamos nuestra propia reunión de CMA. Un grupo base empezó a reunirse una vez por semana, entonces el compañerismo luego se extendió a tal grado que hoy hay grupos de reuniones cada noche. Ahora, cualquiera que voltee puede ver otros adictos que permanecen sobrios y disfrutando de la vida — nadie tiene que sentirse sólo.

Para permanecer sobrio hoy, es importante para mí el mantener las cosas en forma simple. El universo estaba aquí mucho antes de que yo llegara y estará aquí aún mucho después que yo me vaya, y generalmente funciona muy bien sin que yo interfiera. Tengo un papel pero no soy el encargado de dirigir todo el espectáculo. Soy responsable de mi recuperación y de otras simples tareas como doblar mi ropa, y además de eso, soy mucho más feliz cuando dejo que las cosas simplemente sucedan como tienen que suceder.

De todo a todo, las cosas en mi vida marchan bien. Terminé mi entrenamiento y una vez más disfruto del respeto de mis colegas. Estoy rodeado de amigos y tengo una nueva relación con mi familia, pero lo más asombroso es el cambio que se ha producido dentro de mí. Disfruto mi paz mental, estabilidad, y la seguridad, y ya no vivo con miedo. Esto último vale la pena por sí sólo.

Lo que nadie me dijo — y que nunca hubiera creído al principio — es que la sobriedad no es una batalla diaria de ansias. El milagro más grande de mi vida hoy no es el no haber usado metanfetamina todos estos años, sino el milagro de no haber necesitado usar por todo este tiempo. Todo lo que tuve que dejar de hacer fue dejar de pelear.

Historia Personal 5
SALVADO POR UN PODER SUPERIOR

SOY UN ADICTO A LA METANFETAMINA EN RECUPERACIÓN. NACÍ Y CRECÍ EN PORTLAND, Oregon, tengo una hermana menor y una mayor. Mi padre estuvo en prisión la mayor parte de mi niñez, y mi padrastro sembraba marihuana y vendía cocaína, aunque a esa edad yo era demasiado joven para darme cuenta lo que realmente sucedía a mi alrededor. Hasta dónde me daba cuenta, creía tener un hogar normal.

Probé por primera vez el alcohol a la edad de 8 años y esa primera vez lo hice hasta estar borracho — de hecho ni siquiera tenía deseos de beber, pero un pariente me obligó a hacerlo. Recuerdo que al despertar tenía un dolor de cabeza horrible, prometiéndome que nunca volvería a tomar. Ese mismo año sufrí de abuso sexual por parte de otro pariente.

También probé por primera vez la mariguana cuando otro pariente se la robó a su padre y todo ese día lo pasamos fumándola. Recuerdo lo que sentía al sentar fumando. Me hizo sentir una flojera inmensa. Habíamos planeado juntar hongos para después venderlos pero por obvias razones no hicimos mucho dinero aquel día por haber estado fumando mariguana.

Mi padre salió de prisión cuando yo tenía 12 años, y me fui a vivir con él a otra ciudad. Él bebía y usaba drogas. Un día recuerdo que mi papá estaba alucinando y diciendo que había tres mujeres en su cuarto. Fue tan real que mi tío y yo terminamos creyéndole. Que impresionante fue eso.

A los 14 años usé crack por primera vez. No me sentía cómodo viviendo con ninguno de mis padres así que decidí huir. Ya en ese entonces bebía de forma regular y la mujer con la que me estaba quedando ese tiempo me ofreció una línea. Por supuesto la hice y media hora después me sentía con una energía nunca antes experimentada. Tomé la bicicleta y pedalee por 20 millas. Empezamos a hacer esto de forma regular y me gustaba cada vez más. Después de un tiempo regresé a vivir con mi padre. Vivíamos en una ciudad pequeña en la cual muchas personas usaban droga porque no había muchas cosas para distraerse. Mi padre no quería que yo usara crack así que les dijo a sus amigos que no me dieran. Sin embargo, uno de sus amigos me dio un poco una noche y terminé lavando la banqueta de mi casa por alrededor de cuatro horas. Ese fue un tiempo de experimentar para mí. Usé ácido así como cualquier otra droga que me llegara a las manos.

A la edad de 15 años, y después de muchas expulsiones, finalmente me expulsaron de la escuela. Me regresé a vivir a Portland. Usaba crack cada vez que tenía oportunidad: Empecé fumarla usando papel aluminio o pipas hechas de forma casera. Vivía en una casa donde la fabricábamos y la vendíamos. Se puede decir que para ese entonces la usaba de forma diaria — cuando no estaba usando drogas me la pasaba dormido. Recuerdo una ocasión haber permanecido despierto por tantos días que comencé a alucinar. Ese fue mi primer ataque de psicosis por causa de la metanfetamina. Creía haber visto a gente espiándonos en un parque.

Hacía lo que fuera necesario para poder conseguir crack — robé del que pude. En una ocasión estuve envuelto en una persecución policiaca en una camioneta robada. Nos estrellamos y por poco muere el conductor del otro carro. De verdad hice cosas realmente estúpidas. Empecé a notar que pedazos de mis dientes empezaron a caer sin tener la más mínima idea de porque sucedía esto. Recuerdo incluso haber usado crank con mi padre y su esposa. En ese período de mi vida toque un nuevo fondo. Terminé viviendo en un refugio para niños desamparados dónde, de hecho, logré estar sobrio por un tiempo.

Un poco tiempo después, me fui a vivir al centro de la ciudad. En esos días no estaba usando crank, aunque vendía marihuana y ácido para ganar un dinero. Conocí a una muchacha y nos fuimos a vivir juntos. Vendíamos marihuana hasta que un día nos sorprendió la policía. Tuve que dejar de usar toda droga por algún tiempo por mandato de la corte. Así me mantuve hasta te terminó mi periodo de probatoria.

Una noche al estar trabajando, uno de mis jefes me pregunto si quería una línea. Respondí que sí y comencé de nuevo a usar; aunque esta vez menos. Tenía que asegurarme que mi manera de usar no se saliera de control esta vez. Creí tener controlada mi adicción, pero me estaba engañando a mí mismo. Para ese entonces sólo usaba cuando discutía con mi novia o a escondidas de ella. Ella no usaba metanfetamina y había tenido un pasado problemático con sus padres debido a que ellos usaban. Casi cada fin de semana tenía mis escapadas y usaba. Después de un tiempo empecé a usar incluso cuando ella estaba en casa pero a cierta hora del día paraba porque quería poder dormir en la noche. Era muy difícil conciliar el sueño cada noche — por años usé técnicas de respiración tratando así que ella no notara que mis latidos del corazón eran demasiado fuertes.

Un día, fui a comprar crack de la persona que siempre compraba pero me dijo que todo lo que tenía disponible era crystal. Le pregunté que si tenía el mismo efecto entonces no sería problema. Desde ese día quede enamorado del crystal y se convirtió en mi droga preferida. Paso un largo tiempo después de eso; sin embargo sólo tengo algunos recuerdos de esa época. Bueno, de hecho recuerdo algunas de las cosas locas que vienen con el crystal más sin embargo no me interesa vanagloriarlas aquí. Sólo diré que en ocasiones nos sentábamos a mirar por la ventana o nos quedábamos observando el monitor por horas. Qué grado de locura tan grande.

Siete años después, nació mi hija mientras yo estaba en el campo tratando de recuperar mi sobriedad. Estaba yo sólo y creí que eso me ayudaría. Una noche empecé a escuchar gritos de gente diciendo: "Tu hija acaba de nacer!". No había presenciado ese momento. Mi pequeña hija había llegado y yo no estuve ahí. En ese mismo instante me fui directamente al hospital. Pude cambiarle su primer pañal y me tomaron fotos mientras lo hacía.

Al siguiente año, la policía me detuvo por manejar bajo la influencia de la metanfetamina y me dieron un DUI (Driving Under the Influence). Tenía encuentros sexuales casuales con otras mujeres sin que la madre de mi hija lo supiera. Entonces tuve mi segundo episodio de psicosis causado por la metanfetamina y terminé en la cárcel con varios cargos serios relacionados con las drogas. Comencé con el programa por manejar bajo la influencia (DUI por sus siglas en Inglés) aunque me mostraba reacio a seguir con el mismo. Poco tiempo después me sobrevino el tercer ataque de psicosis que fue por mucho el peor. Tenía un plan de matar a mucha gente — entre ellos el pastor de una iglesia. Hablé con mi familia y les pedí ayuda pero no había mucho que ellos pudieran hacer. Me llevaron a un hospital.

Finalmente un día dejé a la madre de mi hija por una mujer con la que solía usar metanfetamina — Creí que estaría mejor viviendo con otro adicto ya que no sería juzgado. Quería seguir viviendo mi vida sin que se me quisiera forzar a dejar las locuras que venían con mi adicción a la metanfetamina. Nos fuimos a vivir a otro lugar y las cosas estuvieron bien por un corto período de tiempo. Mi novia y su hijo usaban metanfetamina. Quería enseñarles como poder usar metanfetamina sin que les costara nada, así que tomé mis ahorros y compre una cantidad grande y empecé a vender de nuevo. Para ser honesto nunca me pongo a pensar en las consecuencias inmediatas de mis actos. Poco tiempo después me encontré frente a mi computadora fumando metanfetamina y teniendo comportamientos compulsivos todos los días. Inmediatamente que mi ansiedad disminuyó un poco me vino la idea que nos iban a atrapar por lo que estábamos haciendo. Yo realmente quería salir de esto. Le recé a Dios, "Por favor ayúdame a salir de esta situación. Al día siguiente hubo una redada y la policía me arrestó.

Al estar sentado en mi celda me di cuenta que Dios me había liberado de mi adicción — Él me había enseñado la salida. Después que tomaron mis huellas digitales y toda mi información encontré una copia del Nuevo Testamento en mi celda. Empecé a leerlo de forma regular y me di cuenta que después de estar leyendo por treinta minutos finalmente podía cerrar los ojos y dormir. También comencé a rezar mientras leía y mi vida empezó a transformarse. Ya no quería usar metanfetamina, mentir, engañar, robar o cualquier otra cosa que antes hacía.

Cuando salí de la cárcel, el mantener mis objetivos no fue una tarea fácil, incluso al leer la Biblia y rezar. En ese momento decidí empezar a asistir a reuniones de Adictos Anónimos a la Metanfetamina, pero reemplacé la metanfetamina por el alcohol. Algunas veces terminé en lugares bastante desagradables porque no tenía un lugar dónde vivir. De vez en cuándo terminada en algún bar bebiendo — una clara violación a mi libertad condicional. Un día un hombre me preguntó si le podía dibujar un tatuaje; le dije que estaba demasiado borracho. Unas cuantas bebidas más tarde le dije que si me compraba algo de crystal podría hacerle el tatuaje. Siempre debo tener presente el ABC (Alcohol Becomes Crystal) de mi adicción: El Alcohol se Convierte en Crystal. Este mismo episodio me sucedió más o menos en tres ocasiones. Cada vez que usaba quería dejar de sentirme sucio por usar crystal, pero al mismo tiempo quería más.

Todavía me juntaba con personas que yo sabía no eran una buena compañía para mí. En una ocasión estaba por terminar un tratamiento contra las drogas al mismo tiempo que tenía un empleo de tiempo completo pero me estaba quedando en la casa de un amigo que todavía era un adicto. También había muchos adictos que venían a visitarlo. Yo todavía tenía la idea equivocada que el tomar alcohol era aceptable siempre y cuando no usara metanfetamina. La última noche que recuerdo haber estado con esas personas que todavía usaban, estaban planeando un crimen. Estoy tan agradecido que en ese tiempo ya hubiera yo encontrado a mi Poder Superior, de otra manera hubiera estado con ellos formando parte del plan para cometer ese crimen. Me preguntaron si estaba interesado en ayudarles a lo que respondí "No. Al diablo con eso." Finalmente terminaron arrestados y le dijeron a la policía que yo estaba también involucrado. Entonces supe que este era el tipo de gente con el que no quería que se me relacionara. Terminé en la cárcel por violación a los términos de mi libertad condicional por haber bebido — lo cual admití. Esta vez al estar en la cárcel empecé a ir a la iglesia, a estudios Bíblicos y a reuniones de AA. Nunca había aprendido mucho de estos con anterioridad; sin embargo en esta ocasión disfrutaba de todos ellos.

El día que empezó mi sobriedad fue el día que me arrestaron — porque en ese momento no había estado bebiendo ni usando. Le pedí al juez si podía ser enviado a un centro de rehabilitación dónde estuviera internado, a lo cual el accedió. Terminé de cumplir mi sentencia en un programa. Un mes después de haber salido de la cárcel, encontré lugar en un centro de rehabilitación. Mientras terminaba con el programa, inicié 2 reuniones de CMA, a los cuáles sigo atendiendo hasta el día de hoy. Actualmente me encuentro muy metido en tareas de servicio en mi comunidad local. También tengo otros compromisos de servicio. Tengo un padrino que tiene su propio padrino y tengo ahijados también. De forma regular trabajo en los Pasos y en las Tradiciones con mi padrino. Mi vida ha cambiado completamente.

Ahora veo a mi hija de forma regular y aprecio cada minuto que paso con ella, aunque a veces tengamos nuestras diferencias. Estamos trabajando en tener una mejor relación misma que se hace más fuerte cada día que pasamos juntos. Vi a un dentista que arregló lo que me quedaba de dentadura y mi sonrisa luce mucho mejor ahora. Mi familia ha vuelto a confiar en mí. Incluso tengo mis propias cuentas de banco!

Hoy espero que mi hija no tenga que crecer en las mismas circunstancias que lo hice yo; y hago todo lo que esté a mi alcance para que así sea. Espero poder comprar mi propia casa pronto y poder mantener un trabajo por más de dos años. Si puedo tocar el corazón de un sólo adicto que todavía esté sufriendo — y ayudarle o ayudarla a encontrar una solución en CMA de la manera que lo hice yo — entonces todo mi sufrimiento habrá valido la pena.

Historia Personal 6
EL MÚSICO DE JAZZ QUE ERA TWEAKER´

LA PRIMER MENTIRA QUE ME DIJE A MI MISMO FUE QUE ERA NORMAL QUE UN MÚSICO DE JAZZ USARA DROGAS. Todos los grandes músicos de jazz usaban droga y eso los hacía tocar mejor, verdad? Charlie Parker, John Coltrane, Bud Powell, Hank Mobley, Stan Getz. Incluso llegué a pensar que era un ritual pasajero que un músico joven fuera un drogadicto. Esto sucedió cuando tenía 17 años y comencé a fumar marihuana varias veces al día.

La razón por la que llamo a esta la primer mentira que me dije a mi mismo es porque ya era yo un adicto y un alcohólico años antes de esto y había estado buscando una excusa para usar drogas. Ya bebía hasta perder el sentido incluso antes de haber probado por primera vez la marihuana o el crystal — una despreciable advertencia, de hecho. Una vez que me rendí al empezar mi recuperación, algunas verdades empezaron a tener sentido. La primera: Me gustaba hacer drogas desde que recuerdo. Incluso antes de mi adolescencia, me tomaba las bebidas que los adultos dejaban después de las fiestas. Después de eso, recuerdo claramente cuando me servía un poco de cada una de las botellas de licor de mi padre en un vaso, contener mi respiración y tomármelo todo de un sólo sorbo antes de ir a la escuela. Estaba ebrio para mi primer clase que era Educación Física. No recuerdo que alguno de mis amigos hiciera eso.

En las fiestas de la escuela, era el que siempre se tomaba ocho o nueve cervezas y perdía el sentido antes que alguien hubiera siquiera empezado a tomar. Tenía la reputación de ser el que quería emborracharse lo más rápido posible. Cuándo me invitaron a fumar marihuana por primera vez, encontré la excusa perfecta socialmente aceptada para expandir mis adicciones y usar drogas todos los días. Al mismo tiempo que la marihuana empecé a experimentar con todo lo demás: ácido, hongos alucinógenos, cocaína, PCP (comúnmente llamado polvo de ángel), óxido nitroso, éxtasis. Me gustaban en especial las llamadas bombas negras (black beauties en Inglés) y otras llamadas frijoles (cross tops en Inglés). En un momento de claridad cuándo estaba en la universidad cambié mi licenciatura en música por la licenciatura en negocios. Terminé la universidad fumando marihuana y tomando pastillas de las llamadas frijoles todos los días. No fumé crystal sino hasta que tuve 30 años de edad.

Crecí en el Valle de San Fernando, en el norte de Los Angeles, y siempre me sentí como un extraño. Era bastante solitario y nunca me sentí cómodo en mi propia piel — Nunca me sentí interesante o aceptado sino hasta que me convertí en drogadicto. Nunca comprendí porque la gente no quería estar haciendo drogas constantemente. Creía que estar borracho o drogado era lo mejor. Estar drogado era por mucho lo que más me encantaba de mi vida. No había punto de comparación con cualquier otra cosa. Como el joven alcohólico y drogadicto que era, no me daba cuenta de la ruleta Rusa a la que estaba jugando. Pensaba de esta manera porque no era un alcohólico que no tuviera dónde vivir así que no podía hacerme adicto a nada. Me creí a prueba de balas. Solía decir, "La vida real es para la gente que no puede controlar las drogas." Sin embargo creo que la verdad era que sólo estaba esperando por la droga correcta que eventualmente me cimbrara y me llevara hasta el fondo. El hecho de que eso no hubiera sucedido todavía no era por intervención divina o autocontrol. Era simplemente que todavía no había encontrado la droga que se me devolviera como boomerang y me cortara en pedacitos.

Mi boomerang fue la metanfetamina. La aspiré por la nariz varias veces y aunque el efecto me gustó me desagradaba como se sentía y escurría mi nariz. Cuándo descubrí que también la podía fumar, sentí que toda la experiencia que había acumulado como drogadicto era como un juego de niños. Esto era real. Recuerdo incluso exaltando las virtudes de la metanfetamina con mis amigos. Esta era la droga que me permitía trabajar más duro y por más largo tiempo que mi compañero de al lado, al mismo tiempo que me mantenía despierto de las 12:00 am hasta las 6:00 am haciendo lo que quisiera. El sexo era estupendo. Que había de malo en todo esto? muéstrame el lado negativo, pensé — pero no vi ninguno porque era un adicto.

Ahora, cuando tocaba en conciertos, fumaba mariguana y crystal. La mentira que me decía en ese entonces era que tenía más resistencia y creatividad al hacerlo. Conocí a mi esposa durante un concierto y en poco tiempo la convertí en adicta a la metanfetamina, también. Los siguientes años fueron un completo torbellino; no dejaba de moverme más sin embargo no llegaba a ningún lado — me despidieron de varios empleos pero todavía no consideraba que la metanfetamina fuera un problema. Trataba de vivir una vida normal pero me sentía como Sísifo empujando la roca hasta lo alto de la montaña. Era una tarea imposible. Lograba un poco de estabilidad al empezar un nuevo empleo y luego hacía algo que echaba todo a perder de nuevo. Estuve saltando de empleo en empleo, mayormente en posiciones ejecutivas. Mi desempeño laboral era malísimo pero era lo suficientemente talentoso que mis jefes insistían en mantenerme, argumentando que sería un buen elemento si cambiaba algunas cosas en mi — lo cuál por supuesto nunca hice. También, como tenía la necesidad de consumir drogas constantemente, no encajaba en el contexto social de la compañía. Como podía mantener una conversación con gente que no consumía drogas como yo? Porque no me podían comprender? Duré alrededor de un año en cada uno de los puestos que tuve sucesivamente, y a dónde quiera que mi empleo me llevaba casi siempre llegaba al aeropuerto con una pequeña bolsa de crystal en mis partes privadas. El hecho de que nunca fui arrestado es un verdadero milagro aunque hubiera sido una bendición disfrazada si esto hubiera ocurrido.

El llegar tarde a mis compromisos era una enfermedad crónica en mí. Siempre estaba en mi casa sentado fumando de mi pipa, mirando fijamente a la pantalla de mi computadora, y esperando por ese último jalón de pipa que me levantara de mi silla y me metiera a bañar. El problema era que ese último jalón nunca llegaba y como resultado se me hacía tarde. Esto pasaba todos los días. Otra cosa que tampoco podía hacer era seguir instrucciones. Si mi jefe me encargaba algo, hacía algo distinto. Es un misterio cómo duré tanto trabajando en alguno de esos empleos.

Abandoné a mi esposa y ahí fue donde comenzó mi declive. Creo que el haber tenido la responsabilidad de alguien más a mi cargo me había ayudado a no irme en caída libre en los primeros años de mi adicción. En el caso de mi esposa, creo que ella cayó más rápido que yo. Empezó por pellizcarse la cara y brazos para eventualmente terminar jalando su propio cabello. Ese era su comportamiento cuándo hacia drogas. Después de habernos separado, mi vida en casa se volvió un desastre. Cómo la mayoría de los drogadictos, yo tenía una doble vida. Mi doble vida consistía en vestir de traje y corbata durante el día y por la noche pasármela con muchachos desamparados a los que les doblaba la edad. Vagamente recuerdo sentirme orgulloso de poder mantener esta doble personalidad. Solía llamar a estos muchachos ¨flacuchos.¨

Recuerdo haber sido engañado tantas veces que hasta perdí la cuenta. Sin embargo seguía abriéndoles la puerta de mi casa porque me sentía sólo y necesitado. Además, estas personas eras mis conexiones. Más adelante, el sentir que se aprovechaban de mi me ayudaría a tomar decisiones realmente desastrosas.

Mi recuperación me dio esta retrospectiva — disfrutaba todo este drama. Aunque no era el que creaba el drama directamente, me gustaba ser la víctima o estar alrededor cuándo menos. Durante mi carrera de drogadicto mi sentimiento favorito era la indignación. A veces me preguntaba, "¿Cómo puedes robarme después de todo lo que te he dado?" Y acto seguido dejaba entrar de nuevo a estos — los flacuchos — de nuevo a mi casa porque decían que traían el mejor crystal. (Sin embargo nunca fue tan bueno como decían). Mi comportamiento era la más pura descripción de la locura: hacía lo mismo todo el tiempo pero esperando resultados diferentes.

Dejar las drogas nunca fue una opción. Estaba convencido que usaría drogas hasta el día que muriera. Mi enfermedad era tan poderosa que nunca consideré siquiera el pedir ayuda. El resultado: Mi vida era un desastre. Solía decir que me era imposible dejar las drogas, que no podía dejar de trabajar por una semana completa para poder dormir y dejar de usar. Pero cada vez que me encontraba entre un trabajo y otro fumaba aún más.

Esto no es para decir que no lucía normal para la gente a la que yo le importaba. Nadie en mi familia sabía de mi adicción. Todos mis jefes alzaban sus manos de frustración porque sabían que yo era un empleado de mala muerte, aunque con talento. Era en mi vida de drogadicto, mi vida "real", dónde las cosas se estaban desmoronando. Yo estaba convencido que si por fuera lucías bien entonces podrías hacer con tu interior lo que quisieras. Esto significaba, mantener el registro de tu vehículo al día, trabajar, cumplir con todas las citas estrictamente necesarias, visitar a tu familia algunas veces al año, y entonces podría hacer lo que quisiera con el resto de mi vida. Esta filosofía de vida me mantuvo en mi enfermedad por un largo tiempo. Es así como pude mantener las apariencias con el mundo exterior. Pero mi mundo interno era una verdadera calamidad.

Sin embargo todavía creía que podía hacer que las cosas funcionaran — si solo me mantenía igual un poco más, podría seguir usando y aparentar que mi vida era normal. Pero con cada intento fallido, mi sueño de ganar en el "juego de la metanfetamina" se debilitaba cada vez más. Tenía miedo de estar destinado al fracaso sin esperanza alguna. Mi nublada mente no admitiría que la razón de toda mi miseria era el crystal. Pensé que si tan sólo pudiera hacer drogas sin el drama que esto traía, entonces todo estaría bien. O quizás si dejaba de tener contacto con los "flacuchos", entonces yo estaría bien.

Mi mente creativa me hizo aprender a fabricar metanfetamina. Pero esto no duro mucho tiempo — la policía me atrapó. Nunca hice demasiada; solo hacía para consumo personal. No me gustaba mucho la idea de compartir la que hacía. Y claro, sin dudarlo, era de la más pura. Sin diluyentes. Sólo la fuerza que necesitaba para acelerar mi caída libre en mi nube del olvido. El final sobrevino cuándo fui arrestado por fabricar metanfetamina. Y para aquellos que estén leyendo esto mientras todavía tienen esta enfermedad: si fabricas cualquier droga, la policía eventualmente te sorprenderá. Esto no es broma. No hay manera que puedas ganar. Es segura que perderás. Y cuanto te sorprenda la policía te aseguró que no será divertido.

En recuperación, entendí que los primeros nueve años de mis diarios comportamientos compulsivos (tweaking), lo único que gobernada mi consumo fue el costo. No me gustaba regatear en el precio, así que sólo consumía lo que podía pagar. Tenía que trabajar para pagar por mis drogas, y no podía trabajar si había estado despierto por más de dos días seguidos. Esos dos factores mantuvieron mi adicción en buenos términos. Pero manufacturando mi propio crystal una fuente inagotable de droga estaba a mi disposición. Hacia el final, lo único que podía hacer era fabricar más y más. Ni siquiera me bañaba. Vivía como un animal. Perdí mi último empleo porque simplemente un día deje de ir y se vieron forzados a despedirme. Las únicas veces que me aseaba era cuando iba a ir a la tienda a comprar más pastillas o suplementos para fabricar más.

Cocinar la metanfetamina era un super viaje. Me obsesioné cocinándola incluso después de obsesionarme usándola. Esa fue otra adicción de la que me tenía que recuperar. Mi recuperación me hizo ver que siempre creí ser mejor que las personas que sólo se preocupaban por sus drogas. En poco tiempo en eso precisamente me convertí — alguien totalmente fuera de control, un completo esclavo del crystal. El hecho de haber sido arrestado creo que es lo mejor que me pudo haber pasado. Había llegado el final.

De modo que, comenzando con mi uso diario de mariguana a la edad de 17 años, terminé haciendo drogas un total de veintidós años. Fumé metanfetamina casi a diario por cerca de diez años; siendo los últimos tres una especie de caída libre. Sin descanso. Sin vacaciones. Tengo un largo camino de reconstrucción por delante.

Afortunadamente, tengo un gran (y muy caro) abogado y me metió a un programa. Aproveché la oportunidad que se me estaba brindando para recuperarme. Fui a tres o cuatro reuniones todos los días por más o menos seis meses, y después una diaria por el siguiente año. Trabajé en Los Doce Pasos y encontré mi Poder Superior. Me convertí (y sigo siendo) en una persona activa en mi propia recuperación. Alrededor de nueve meses después, junto con otros adictos comenzamos la primera reunión de CMA en el condado de Orange, California. La reunión comenzó con tan sólo cuatro personas pero en poco tiempo ya superaba las cincuenta. Esa reunión todavía existe y aún sigue tan fuerte como al principio.

En recuperación, descubrí que una de las cosas más importantes para mí era estar consciente de mí mismo. Después de un período de sobriedad, aprendí bastante acerca de mi enfermedad, y comprendí el poder del que podría llenarme si me conectaba con mi propio concepto de Dios, me di cuenta que ya no tenía excusa para ignorar mis acciones. Ahora mi estándar de comportamiento es mucho más alto del que tenía incluso antes de empezar a usar drogas, y la única manera que tengo de lograr eso es estando consciente de mis acciones todo el tiempo y observarlas desde el punto de vista de mi recuperación o mi recaída. No hay espacio para estar en medio de estas dos (mi recuperación o recaída). Si no continúo creciendo espiritual y emocionalmente, entonces no me encuentro bien. La manera que visualizo esto es como una pelota de metal sobre un pedazo de madera con ranuras. Si inclino el pedazo de madera a un lado y luego al otro, la pelota siempre estará en movimiento, nunca se quedará parada. Así es como se siente mi vida en recuperación. Creo que si dejo de moverme, perderé el piso.

Otra epifanía que he aprendido es que puedo autodestruirme sin usar drogas. Esto es algo que nunca hubiera podido aprender cuándo estaba bajo la influencia. La recaída es probablemente la última forma de comportamiento autodestructivo. Me gusta pensar que el drogarme es la última de una letanía de cosas que haría si quisiera recaer. La meta, creo yo, es comprender que una recaída no sucede con una aspiradora. Si estoy consciente de mi comportamiento en términos ya sea de recaer o de recuperación, entonces puedo hacer algo por mi estado mental: ir a una reunión, trabajar con otro adicto, ejercicio, orar.

Estar consciente de mí mismo es muy importante. Si no hago nada acerca de mi estado mental cuándo sé que estoy en problemas, estoy abrazando la recaída. Quizás no use drogas inmediatamente, incluso por meses o años, pero eventualmente lo haré. Esa es una verdad. Otra verdad es que experimento comportamientos de recaída y recuperación varias veces en el día. Progreso, no perfección, ¿recuerdas? Eso es mi corazón, mis intenciones y (lo más importante) mis acciones las que cuentan. Cuando menos, así es como yo lo veo. Esto no es condonar el mal comportamiento. Esto es simplemente estar consciente uno mismo que soy y seré un drogadicto, y necesito observar mis acciones desde ese punto de vista.

Para aquellos de nosotros que acaban de comenzar su camino a la recuperación, creo que es importante comprender que la locura que acompaña al haber usado metanfetamina por un largo tiempo no es fácil de desplazar. Se adhiere a nosotros como pegamento. Y sentimos remordimiento, enojo, rabia y culpa. Tenemos estos sentimientos en estado sobrio, y duele muchísimo. El usar metanfetamina nos produjo un estado de locura que sabíamos era parte de nuestra vida en las drogas, y una vez que paramos, la locura es la única cosa que aún nos parece real. Es por eso que creo que mucha gente se tropieza al principio. Extrañan la locura.

Ayuda el comprender que la recuperación es un proceso lento y largo. Esta toma tiempo. No podemos arreglar de pronto lo que nos tomó tanto tiempo echar a perder. Como la mayoría de los adictos, quiero recuperarme tan rápido como me tomó drogarme — desafortunadamente, esto no funciona así. La recuperación es un trayecto día a día que dura toda la vida.

Hoy, me alegro con cosas que nunca me hubiera imaginado que me brindaran alegría — especialmente amigos y familiares. Nunca me alegré con cosas que no estuvieran directamente relacionadas con el uso de drogas. Ahora, parece que la vida es rica en alegría. Más o menos cuando tenía cuatro años sobrio, conocí a alguien en el programa y nos casamos unos años después. Acabamos de celebrar nuestro quinto aniversario de matrimonio y no podríamos ser más felices. El "Gran Libro" dice que tenemos un paquete de herramientas espirituales "a nuestros pies." Mi enfermedad es muy astuta, así que necesito usar todas nuestras herramientas, no sólo una o dos. Cuándo me drogada, sólo tenía una herramienta para arreglar todos mis problemas. He escuchado decir que si la única herramienta que tuviéramos fuera un martillo, entonces todos nuestros problemas parecerían clavos.

Si eres nuevo, recomiendo que te consigas un padrino y trabajes en los Pasos. Lee mi historia y busca similitudes con tu experiencia. No busques diferencias. Si nada de mi historia atrae tu atención, entonces lee otra hasta que te sientes identificado con tu propia historia. Encuentra tu propio Poder Superior y siempre se honesto contigo mismo.

LOS DOCE PASOS Y LOS RELATOS DE LAS EXPERIENCIAS DE LOS PASOS

En esta sección, ocho miembros de Adictos Anónimos a la Metanfetamina (CMA) nos relatan como ellos trabajaron los Doce Pasos. Nos contarán una variedad de diferentes experiencias, algunas de las cuales podrán sonar contradictorias. El hilo conductor es un despertar de vida espiritual traído por medio de haber hecho los Pasos.

No queremos dar a entender que éstos ensayos constituyan una lista extensa de formas de llevar a cabo los Pasos, y definitivamente tampoco son expuestas para ser seguidas como instrucciones. En lugar de eso, estos representan un pequeño ejemplo de experiencias para intentar demostrar como diferentes personas de diferentes ambientes hicieron los Pasos. Ellos también le muestran a los nuevos en el programa de CMA que las instrucciones para trabajar los Pasos presentadas en otros escritos pueden ser usados por adictos a la metanfetamina. Recomendamos ampliamente que cada nuevo miembro encuentre alguien que lo guíe por los Pasos, de preferencia alguien que haya hecho los Pasos con anterioridad (un "padrino").

LOS DOCE PASOS DE ADICTOS ANÓNIMOS A LA METANFETAMINA

1. Admitimos que éramos impotentes ante la metanfetamina, que nuestras vidas se habían vuelto ingobernables.

2. Llegamos a creer que un Poder Superior a nosotros mismos podría devolvernos el sano juicio.

3. Decidimos poner nuestras voluntades y nuestras vidas al cuidado de Dios, como nosotros lo concebimos.

4. Sin temor hicimos un minucioso inventario moral de nosotros mismos.

5. Admitimos ante Dios, ante nosotros mismos, y ante otro ser humano, la naturaleza exacta de nuestros defectos.

6. Estuvimos enteramente dispuestos a dejar que Dios nos liberase de todos estos defectos de carácter.

7. Humildemente le pedimos que nos liberase de nuestros defectos.

8. Hicimos una lista de todas aquellas personas a quienes habíamos ofendido y estuvimos dispuestos a reparar el daño que les causamos.

9. Reparamos directamente a cuantos nos fue posible el daño causado, excepto cuando el hacerlo implicaba perjuicio para ellos o para otros.

10. Continuamos haciendo nuestro inventario personal y cuando nos equivocábamos lo admitíamos inmediatamente.

11. Buscamos a través de la oración y la meditación mejorar nuestro contacto consciente con Dios, como nosotros lo concebimos, pidiéndole solamente que nos dejase conocer su voluntad para con nosotros y nos diese la fortaleza para cumplirla.

12. Habiendo obtenido un despertar espiritual como resultado de estos pasos, tratamos de llevar el mensaje a los adictos a la metanfetamina y de practicar estos principios en todos nuestros asuntos.

Los Doce Pasos y las Doce Tradiciones de Alcohólicos Anónimos han sido reimpresas y adaptado con el permiso de Servicios Mundiales de Alcohólicos Anónimos, Inc (AAWS). El permiso para reimprimir y adaptar los Doce Pasos y las Doce Tradiciones de Alcohólicos Anónimos no significa que Alcohólicos Anónimos este afiliada a este programa. AA es un programa de recuperación del alcoholismo solamente — Usar los Pasos y Tradiciones de AA, o una versión adaptada de sus Pasos y Tradiciones en conexión con programas o actividades que siguen el modelo de AA, pero que tratan otros problemas, o en cualquier otro contexto no relacionado con AA, no implica otra cosa.

Los Doce Pasos de Alcohólicos Anónimos

1. Admitimos que éramos impotentes ante el alcohol, que nuestras vidas se habían vuelto ingobernables. 2. Llegamos a creer que un Poder Superior a nosotros mismos podría devolvernos el sano juicio. 3. Decidimos poner nuestras voluntades y nuestras vidas al cuidado de Dios, como nosotros lo concebimos. 4. Sin temor hicimos un minucioso inventario moral de nosotros mismos. 5. Admitimos ante Dios, ante nosotros mismos, y ante otro ser humano, la naturaleza exacta de nuestros defectos. 6. Estuvimos enteramente dispuestos a dejar que Dios nos liberase de todos estos defectos de carácter. 7. Humildemente le pedimos que nos liberase de nuestros defectos. 8. Hicimos una lista de todas aquellas personas a quienes habíamos ofendido y estuvimos dispuestos a reparar el daño que les causamos. 9. Reparamos directamente a cuantos nos fue posible el daño causado, excepto cuando el hacerlo implicaba perjuicio para ellos o para otros. 10. Continuamos haciendo nuestro inventario personal y cuando nos equivocábamos lo admitíamos inmediatamente. 11. Buscamos a través de la oración y la meditación mejorar nuestro contacto consciente con Dios, como nosotros lo concebimos, pidiéndole solamente que nos dejase conocer su voluntad para con nosotros y nos diese la fortaleza para cumplirla. 12. Habiendo obtenido un despertar espiritual como resultado de estos pasos, tratamos de llevar el mensaje a los alcohólicos y de practicar estos principios en todos nuestros asuntos. Derechos de Autor, Servicios Mundiales A.A., Inc.

Experiencia de los Pasos relato 1

Experiencia de los Pasos relato 1

APRENDIENDO A SEGUIR DIRECCIONES

NUNCA TUVE DUDA ALGUNA EN MI MENTE QUE YO ERA UN ADICTO. INTENTÉ todo lo imaginable para limitar mi uso o parar completamente y fallé repetidamente. Cada vez que paraba por un tiempo, la aplastante, implacable, necesidad de usar me abrumaba. Tenía que parar de usar, y sólo había dos cosas que podía hacer: Matarme o usar otra vez. Decidí seguir usando, sabiendo que algún día tendría que tomar la otra decisión. Después de una acertada intervención de mis empleadores, fui enviado a tratamiento, dónde trabajé el Paso Tres de una forma un poco desordenada. Me di cuenta que tenía dos alternativas: Seguirles el juego hasta que me dejaran ir a casa, luego regresar a intentar hacer las cosas a mi manera; o dejar de pelear e ir con la corriente. Por razones que aún no están del todo claras para mí, elegí la segunda opción, aunque todavía seguía sin creer que ellos me pudieran ofrecer algo que me pudiera ayudar. Pensé que si hacía las cosas a su manera por un tiempo y les probara que no había funcionado, entonces les podría decir, "Ven, ya intenté de todo," entonces podría matarme sin ninguna culpa. No obstante, sabía que tendría que seguir sus instrucciones exactamente si quería probarles que se habían equivocado, decidí hacerlo usando mis capacidades al máximo haciendo lo que me dijeran. Desafortunadamente para mi plan, me sentí mejor casi instantáneamente. No he usado de nuevo.

Una semana más tarde, conocí a mi primer adicto a la metanfetamina recuperado. Él me dijo que se había inyectado crystal por diecinueve años antes de parar y ya tenía tres años sobrio. Él era muy tranquilo y recogido, un profesional, sin tendencias suicidas hasta dónde me podía dar cuenta, así que no pensé que fuera posible que él hubiera usado tanto como yo. A medida que seguimos conversando, me pude dar cuenta que él era del mismo tipo de adicto que era yo: de colchón sin sábanas con un solo foco para alumbrar, paranoia, voces y helicópteros, y además de todo eso, la imparable obsesión de usar. Yo no creía en Dios, pero no había necesidad de hacerlo: Estaba frente a mí un adicto como yo, y si el programa funcionó para él, podía funcionar para mí, también. Eso era todo lo que necesitaba estar convencido del Segundo Paso.

Una vez que deje el tratamiento, inmediatamente encontré un grupo base y un padrino. Lo elegí a él porque aunque eran pocas veces cuando hablaba en las reuniones, cada vez que lo hacía se refería a las lecturas, y como yo sabía que si no encontraba ayuda pronto entonces moriría, entonces no quise perder el tiempo averiguando que pensaban otras personas acerca de lo que debería hacer. Necesitaba un método que hubiera sido probado, y eso es lo que el libro me ofreció — un método probado por el tiempo que remueve la obsesión de usar cuando es practicado como una forma de vida. (¿Quién lo hubiera sabido?)

Comencé con el Paso Cuatro, con páginas y páginas de resentimientos y temores. Cuando llegó el tiempo de hacer mi inventario sexual, me rehusé. No podía imaginar en escribir todo eso — parecía como si fuera a necesitar bosques completos para poder sacar el papel necesario. Unos meses después, sin embargo, cuando mi vida sexual todavía me volvía loco, cedí y comencé a escribir. Después de eso, las cosas empezaron a mejorar.

Después de haber hablado acerca de mi inventario en el Paso Cinco, debo admitir que no sentí ninguna abrumadora sensación de alivio — sólo un abrumador sentimiento de fatiga. Algunas cosas que había retenido por mucho tiempo se fueron después de eso, pero creo que lo que más usé del Paso Cuatro fue la manera de aprender a hacer mi inventario. Unos pocos meses después de haberlo terminado, me encontré frente a una junta profesional de licencias. El propósito de estas juntas en el mundo es el de proteger a las personas de gente como yo, y ellos no estuvieron muy impresionados de que yo hubiera estado sobrio por un año completo. Se fueron dejando varias restricciones en cuanto a mi práctica se refería. Furioso, me quejé de la "injusticia" con todos los que se quisieron sentar a escucharme.

Cuando finalmente alguien me dijo, "Dios nos ayuda a todos a obtener lo que realmente merecemos", corrí a buscar a mi padrino, y él me dio un pedazo de papel y un lápiz. "Haz algunas columnas", me dijo. Escribí una lista con mis resentimientos y mi papel en la situación, y por primera vez en mi vida pude ver con claridad cómo mis decisiones me habían traído a mi situación actual. Incluso más importante, fue que pude ver que el enojo que me había estado atormentando en esos momentos era resultado de mi necesidad de arreglar las cosas para que se acomodaran a mí. A medida que hablé acerca de mi inventario, gradualmente empecé a ver que las cosas estaban exactamente donde deberían estar y pude liberarme de todo ese enojo. Mi necesidad de "arreglar" las cosas fue mi negativa a trabajar en el Paso Seis: "Estuve dispuesto a dejar que Dios me liberase de todos estos defectos de carácter." Yo no hago eso de la eliminación — sólo dejo que pasen las cosas, y eso requiere estar dispuesto a cambiar. Pedir a mi Poder Superior que me liberase de este defecto en el Paso Siete es la parte más sencilla.

En el Paso Ocho hice una lista de las personas a quienes había ofendido y empecé a trabajar en el Paso Nueve inmediatamente. Hice mis primeras enmiendas con las personas más fáciles, eran mayormente a las que sólo les quería decir, "Mira que bien estoy ahora." Dejé para el final las más difíciles hasta que ya no lo pude soportar. (Como un amigo de dijo una vez, eventualmente el dolor será tan grande que tendrás que trabajar en tu siguiente Paso.) Una en particular vale la pena mencionar. Algunas de mis enmiendas eran financieras, y empecé a pagarlas en cuanto pude. En algún punto de lo más alto de mi adicción, un amigo me había conseguido un empleo con su empleador, y en lugar de presentarme a trabajar, me quedé en casa, me inyecté crystal, y falsifiqué un reporte de horas (diciendo que "había trabajado desde casa). Esta fue mi última enmienda financiera, y tenía dinero para pagar esa deuda. Después de hablar con mi padrino, llamé al director de recursos humanos de la compañía y la expliqué la situación para ver como solucionábamos el problema. Me dieron instrucciones de enviarles un cheque con la cantidad que les debía, y después esperar a que mi cuenta fuera actualizada. Una vez que mi cuenta fue actualizada, repentinamente tuve un sentimiento como si el universo hubiera girado 180 grados. Finalmente ya no estaba atrapado en mi pasado y podía finalmente tener un futuro.

Tan pronto cómo terminé mi primer inventario, mi padrino me dijo que necesitaba hacerlo continuamente (Paso Diez). Al final del día, reviso mi comportamiento y pienso en lo que pude haber hecho mejor, tratando de evitar juzgar lo que estuviera "bien" o "mal" — eso es algo que no me toca a mí decidir. Tengo algunos defectos que siguen saliendo a relucir una y otra vez, usualmente causándome algo de incomodidad en el proceso. Los pongo en el inventario y reconozco mi rol en ellos, pero mi reacción natural es tratar de "arreglarlos" yo mismo. "Necesito ser más humilde." "Necesito ser un mejor compañero de trabajo." La lista sigue y sigue, pero el resultado siempre es la frustración. Yo sólo cambio cuando estoy dispuesto a cambiar, y esto sólo puede suceder después de haber inventariado mi comportamiento lo suficiente para ver que mi enojo y miedo siempre son el resultado de mi propio deseo de "arreglar" el mundo para satisfacer mis necesidades, en lugar de ser yo el que sirve a mi Poder Superior así como a otros a mi alrededor.

Comencé a meditar como práctica diaria de mi Onceavo Paso desde mi primer mes sobrio y sigo haciéndolo cada mañana, después de tomar mi café. De verdad es una "práctica", porque lo uso durante todo el día cuando tengo problemas para poder calmar mi mente y observarme a mí mismo. Siempre hay tres cosas que suceden constantemente: Lo que creo que estoy haciendo, lo que creo que debería hacer, y lo que en verdad estoy haciendo. Lo único que importa es lo que realmente estoy haciendo — el resto es distracción. He aprendido que mi comportamiento dice la verdad de lo que estoy realmente pensando y creo que estas son las cosas que necesito estar dispuesto a cambiar.

El orar fue más difícil. Cuándo fui a mi primera reunión, no creía en Dios y realmente no tenía ningún interés en escuchar nada acerca de ese asunto. Sin embargo eso comenzó a cambiar, cuándo mi vida sufrió un cambio drástico y empecé a practicar los Pasos como una forma de vida. Un día, me sentí abrumado de gratitud por todas las cosas que se me habían dado, y descubrí que el verdadero horror de ser ateo no fue el no tener nadie a quien pedir ayuda cuando estuviera en problemas, sino por no tener a nadie a quien agradecer por los grandes regalos que se me habían dado — regalos que no me habían sido otorgados por merecerlos de alguna manera. Me fui a mi cuarto, me hinqué, y dije "Gracias" a nadie en particular. (Estoy muy agradecido de la frase "llegamos a creer.")

Orar se ha hecho fácil después de eso. Solía preguntarme dónde iba yo a encontrar la "espiritualidad" siendo un ateo, y la respuesta está en el Paso Doce: "Habiendo obtenido un despertar espiritual como resultado de estos pasos...." Esa fue definitivamente mi experiencia. Nunca ha sido importante para mí que o quien sea mi Poder Superior exactamente, siempre y cuando recuerde que ese no soy yo. Mi práctica de la meditación y la oración es mi manera de recordarme eso cada día.

Sin duda alguna, sin embargo, el trabajar con otro adicto al crystal como parte de mi Paso Doce es la herramienta más potente que tengo en mi sobriedad. He aprendido algunas duras lecciones, primeramente que no sólo soy impotente ante mi nueva adicción, sino ante la de otros también. No puedo ayudar a nadie que no quiera alcanzar la sobriedad, y tampoco puedo hacer que otro esté dispuesto a hacerlo si es algo que no tiene dentro de sí mismo. La otra lección que he aprendido es a compartir mis errores. En las reuniones, aprendo de las personas que comparten lo que hicieron, en lugar de lo que ellos piensan o creen. Eso incluye compartir sus imperfecciones — quizás especialmente esas.

No he hecho el programa algo que se asemeje a la perfección y he cometido muchos errores en el camino. Afortunadamente, me he rodeado de otros de la comunidad, que como yo, tienen como propósito el progreso espiritual, y nos apoyamos unos a otros en el trayecto. En el proceso, he hecho amistades que durarán toda la vida en cada esquina del país y he sido testigo de muchas vidas que han cambiado dramáticamente al seguir los Pasos, no menos importante es la mía propia.

Experiencia de los Pasos relato 2

TENGO UNA ALTERNATIVA

A LA EDAD DE 23, DESPUÉS DE MUCHOS DE HABER ESTADO USANDO, ADMITÍ ANTE A MI MISMO que era un adicto. Y aun cuando creía que moriría antes de los 25 debido a mi adicción al crystal, todavía creía que mi vida era gobernable. Creía que si todas las cosas que iban mal en vida cambiaran, entonces todo estaría mejor. No tenía ningún sentido de responsabilidad sobre las cosas que eran un desastre en mi vida, así como tampoco estaba dispuesto a admitir la relación casual entre mi uso de drogas y las descomposturas a mi alrededor. Simplemente me resigné a creer que todo el mundo, excepto yo, estaba loco.

Después de haber estado sobrio por 30 días, conocí a mi padrino y le pregunté si podría guiarme en mis Doce Pasos. Había estado evitando este trabajo crucial, ya que sabía que lo que había estado haciendo no estaba funcionando y que no podía hacerlo yo sólo.

Para el Paso Uno, mi padrino me hizo que tomara una mirada a todo el daño que había hecho. Me puso a examinar las maneras en las que yo había tratado de parar de usar drogas por mí mismo y si éstas habían funcionado. También hizo que describiera todas las cosas que había dicho no haría y que había terminado haciendo cuando me drogaba, así como también todas las cosas que dije nunca haría pero que las haría si volvía de nuevo a usar. Sin duda alguna, al finalizar este Paso, me di cuenta que era impotente ante el crystal y que mi vida se había vuelto ingobernable.

En lo que se refiere al Paso Dos, yo siempre había creído que había un Dios, pero no podía ver lo que Él había hecho por mí. Al examinar este

Paso, observé mi vida y me di cuenta de todas las veces que debí haber muerto o que pude haber sido sorprendido y haber terminado en prisión durante el tiempo en el que usé. Después de escribir en papel mis pensamientos, llegué a la inevitable conclusión que o había un Poder Superior que me había ayudado durante esas veces — o de que era yo extremadamente suertudo. Y como nunca he ganado la lotería, entonces me fui por la primera opción.

El Paso Tres no fue tan difícil para mí. Debido a que el crystal me estaba enterrando vivo, no tuve ningún problema en hincarme y rezar. Sentí el beneficio de esto inmediatamente. En esos días tenía alrededor de noventa días sobrio, y el hincarme en la mañana al despertar para decir la oración del Paso Tres fue una enorme ayuda para poder atravesar esos tiempos difíciles. Las primeras veces que dije la oración, sentía un estremecimiento en mi espina dorsal, me sentía conectado. De forma todavía consistente pongo mi voluntad y mi vida al cuidado de Dios como yo lo concibo, ya sea en tiempos buenos y malos. Sin sorprenderme, durante este tiempo comencé a entender la aceptación y la serenidad.

Habiendo trabajado los primeros Tres Pasos, me sentía confiado de poder hacer un inventario moral minucioso de mí mismo. Para este momento ya había construido una relación de confianza con mi padrino. Todas las direcciones que tomé de él parecían mejorar las cosas, y lo siguiente fue el Paso Cuatro.

Esto no es para decir que me engañé a mí mismo pensando que esto sería un proceso simple y sin dolor. Yo sólo sabía que podía hacerse y tenía las herramientas para enfrentar cualquier problema que se me presentara. Para una explicación más a fondo, el mayor tiempo en el que estuve trabajando en este Paso, estuve fuera de los Estados Unidos en un país donde no había reuniones de este tipo. Tuve que arrodillarme y rezar cada vez que los resentimientos y emociones de los que había sufrido antes se hacían presentes, pero pude más que ellos. Y si pude hacer esto sin el apoyo de reuniones — solo con las herramientas que me habían sido dadas por los primeros Tres Pasos — entonces cualquiera podría hacerlo. Como me lo hubiera dicho mi padrino, "Solo hazlo."

Mi padrino y yo dijimos una oración antes de leerle mi inventario (Paso Cinco). Con su guía, pude ver mi rol y que la mayoría de los resentimientos iban en mi dirección. Pude comprender que el mundo no era el problema, y que la metanfetamina no era mi problema (aunque tenía un problema con la metanfetamina). Yo era el problema. Dentro de los primeros veinte o treinta minutos de estar leyendo mi inventario, pude sentir un cambio dentro de mí. No estaba sintiendo como si estuviera escalando el Monte Everest, pero sentí que me había liberado de una gran carga. Al principio fue incómodo experimentar algo así como un sentimiento de vacío, sin embargo en poco tiempo pude distinguirlo del vacío espiritual que había sentido la mayor parte de mi vida. Este fue un sentimiento de libertad. Esta libertad fue completamente distinta a cualquier cosa que hubiera sentido antes, especialmente de cuando usaba.

Siempre he sido muy duro conmigo mismo, lo cual me hizo fácil el escribir una lista de mis defectos de carácter (Paso Seis). También tenía mi inventario en el cual trabajar. Tenía más o menos cinco meses y medio limpio cuando me senté en un restaurant e hice mi lista. Había muchos problemas a los que no quería voltear a mirar o admitir, pero no tuve ningún problema para escribirlos. Al final de la compilación de mi lista, me di cuenta que solo trabajando de forma sobria los Pasos previos, pude parar muchos de mis caracteres de defectos. No era violento; no robaba; no estaba siendo intencionalmente manipulativo. Entonces algo sucedió. Si hago el trabajo, mi persona y mi conducta no estarán dictados por mis defectos de carácter. Tengo una alternativa.

De igual forma, también sé que siempre tendré que estar trabajando mi Paso Siete. La complacencia saca lo peor de mí. Cuando no tomo una acción para contrarrestarla, me hundo en comportamientos que solía tener y eso ciertamente me llevará de vuelta a recaer. Trabajando en el Siete me da incluso más paz. Mi padrino me dijo que le pidiera humildemente a Dios que removiera mis defectos haciendo cuando menos dos actos de amabilidad cada día. Cuando le cedo a alguien el paso al ir manejando, me enfado menos. Cuando le doy un aventón a alguien, soy menos egoísta. Incluso la primera vez que trabajé este Paso las promesas se empezaron a hacer realidad.

Me tomé un tiempo con el Paso Ocho. Quería que la lista de personas a las que lastimé fuera lo más completa posible. Comprendí que entre mejor hacía los Pasos previos, mejor limpiaba mi lado de la calle. Y, de hecho, tengo mucha destrucción que limpiar de mi pasado. Cada vez que los escribía lo hacía tan profundo como me fuera posible hasta el punto que no se me olvidara nada. Después de dejarlos por un tiempo, repentinamente recordaba algo y le agregaba más. Escribiendo con rigurosa honestidad — sin preocuparme como iba a hacer las enmiendas — me permitía darme cuenta que tanto daño y que tanto mal había hecho. Con esta consciencia vino la visión de que sería posible liberarme de toda esa culpa y esa vergüenza de mi pasado.

Luego vino el tiempo de sentarme con mi padrino, dispuesto a empezar a limpiar la destrucción de mi pasado. Mucho de eso fue simple: Parar de hacer esas cosas y no hacerlas de nuevo. Hice las enmiendas más difíciles primero. Si no había adquirido la humildad después de haber trabajado el Séptimo Paso, seguro la agarraría de haber trabajado el Paso Nueve. El haber dicho que había estado equivocado hizo milagros en mí, especialmente cuando se lo dije a la persona a la que le había hecho el mal y lo hacía sinceramente. Hasta hoy, todas las enmiendas que he hecho me han absuelto de la culpa y vergüenza que arrastraba de mi pasado. Verdaderamente entendí lo que mi padrino quería decir cuando me decía que este Paso no se trataba de nadie excepto de mi — se trata de limpiar tu lado de la calle. He limpiado mucho de mi lado de la calle y sigo haciéndolo.

Para cuando hice el Paso Diez, vi la genialidad en la continuidad de los Doce Pasos. Continué haciendo mi inventario personal y lo sigo haciendo. No puedo describir la libertad que siento al escribir mis resentimientos y hacer enmiendas. Mientras continúo limpiando mi pasado, evito hundirme con el peso de la vida y mi reacción a ella en el presente. Trabajando en este Paso junto con el Paso Tres me da la herramienta más fundamental para enfrentar la vida al enseñarme el proceso con cada situación que se me presenta. El Diez también me ha ayudado a evitar muchos problemas a los que un adicto se enfrenta en su primer año de recuperación.

Recientemente empecé a trabajar el Paso Once. En mi meditación y oración matutina, ya no pido a Dios por cosas personales o por nada en particular para otras personas. Al hacer esto, he aprendido que, estoy orando por lo que mi voluntad es, no la de Dios. Ahora que oro por la voluntad de Dios, no la mía, mi contacto consciente con Dios como yo lo concibo está floreciendo. Dios me revela su voluntad, incluso en las ocasiones más obscuras. Siento un cambio, de antes sentirme un parásito a convertirme en alguien que tiene un propósito.

Aunque aún no he sido padrino de ningún adicto todavía, he trabajado los Doce Pasos a través de este primer año de sobriedad. Tengo compromisos. He hablado en reuniones y en paneles. He hecho servicios, y el hacer estos ha sido una parte importante en recobrar mi sano juicio y mi recuperación. La espiritualidad, como yo la entiendo, es cuando sales de tu zona de seguridad. En mi limitada experiencia, me he dado cuenta que no hay mejor camino a la espiritualidad que el servicio.

Yo sé que si continúo trabajando estos Pasos y continúo con mis servicios, entonces me mantendré sobrio. Continuaré sabiendo lo que es la serenidad y la aceptación. Si es la voluntad de Dios, en un mes, celebraré mi primer año en sobriedad con todos mis hermanos y hermanas de esta comunidad.

Experiencia de los Pasos relato 3
ELLA ESTABA DISPUESTA A CAMBIAR

SOY UNA ADICTA AL CRYSTAL. HOY EN DIA ESTOY EN RECUPERACIÓN DE MI NECESIDAD de usar crystal, y es el resultado de Dios y de los Doce Pasos de Adictos Anónimos a la Metanfetamina (CMA). Yo era el tipo de persona que quería ser buena para con los demás pero siempre terminaba siendo ¨la víctima de otros¨ y como sentía que sus actitudes afectaban mi vida. No podía comprender porque había tanto dolor en la vida, pero al mismo tiempo no imaginaba la vida de otra manera. Mi adicción me llevó a lugares que nunca imaginé llegaría a estar: sin hogar, impotente ante mi adicción y ante otras personas, peleando conmigo mismo y con otros acerca de mi propio comportamiento. Eventualmente, incluso mis hijos me fueron retirados.

Intenté mantenerme sobria por medio de la autoridad del sistema judicial. No funcionó. Traté de ganarme el amor de Dios empezando a asistir a grupos religiosos e incluso me bauticé. No, seguía drogándome. Entonces un día desperté — o me levanté mejor dicho, ya que como una adicta a la metanfetamina no dormía mucho — y recé a Dios para que me ayudara. Sólo ayúdame a que mejore. Esto fue después que alguien me dijo ¨No sé, quizás si intentas AA.¨ Yo no sabía dónde se encontraba AA, así que me dediqué a averiguarlo. Sin embargo, también busqué ayuda de algún lugar que me ayudara a paras las visiones de la violencia auto-inflingida en mi cabeza. Estaba tan cansada de herir de gente que lo que quería era morir, pero no quería dejar a mis hijos sin su madre.

Estoy convencida que esa mañana cuando desperté y recé, estaba admitiendo mi impotencia ante Dios y sabía que mi vida se había vuelto ingobernable. Desde ese momento, Dios se ocupó de mi porque yo estaba dispuesta y quería cambiar. Este fue mi primer Paso Uno, y el más importante de los pasos que hice por el resto de mi vida. Y pidiendo a Dios por ayuda, al menos por ese instante, estuve dispuesta a creer que Él me podría devolver el sano juicio (Paso Dos).

Se que Dios me orientó a través de los eventos y personas en mi vida. Fui enviada a lugares con mucha información muy poderosa que estará conmigo por el resto de mi vida. Estaba en un centro de desintoxicación cuando una mujer me dio mi primer ¨Libro Grande¨ de Alcohólicos Anónimos. Esto fue lo que paró las imágenes violentas en mi cabeza. Además, me identificaba mucho con la enfermedad descrita en ese libro. Entonces un grupo de personas me dijo a cerca de una reunión, lo cual me dio esperanza de que había un lugar al que podía ir para no sentirme sola y que otros como yo se habían recuperado del uso de drogas y alcohol.

Mientras estaba en el centro de desintoxicación, se me mencionó la idea de los centros de tratamiento. Con la poca experiencia que contaba, hice una cita con el que tenía la reputación más brutal que pude encontrar — uno de esos que te despedazaba y después te volvía a construir. Había encontrado la voluntad y estaba tratando de hacer lo que creía que Dios quería que hiciera. Todavía tenía que ir a corte y existía la posibilidad que terminara yendo a la cárcel. Entonces, sin saber que esto era así como el Paso Tres, le recé a Dios y dije, ¨Dios, si necesito ir a la cárcel, está bien. Pero, si voy a la cárcel, entonces no podré ir a mi cita al centro más brutal que encontré y entonces tendré que buscar otro. Si no voy a la cárcel, iré a ese centro que tiene la reputación más brutal.¨ Así fue como estuve dispuesta y lista para comenzar una vida espiritual. Ya sea que hubiera ido o no a la cárcel o al centro de rehabilitación no es tan importante como el hecho de haber estado dispuesta a hacer lo que fuera necesario para alcanzar mi sobriedad y encontrar una mejor manera de vivir la vida. Dios me trajo a AA y más o menos dos semanas después a CMA.

En cuanto a haber hecho los pasos de forma oficial, encontré un padrino e hice el Primero, Segundo y Tercer Pasos. El Paso Uno fue una reflexión escrita de lo que había pasado, como era impotente, como mi vida era ingobernable, y finalmente que me había traído hasta el lugar donde estaba dispuesto a alcanzar mi sobriedad. Cuando un padrino me pidió hacer el Paso Dos, no podía pensar que Dios me pudiera devolver el sano juicio. Creí que no valía la pena recobrar el sano juicio! Mi padrino continuó diciéndome que rezara por eso — sin importar que yo pensara que no valía la pena recobrar el sano juicio, pero que Dios me lo devolviera. Un día al estar orando pidiendo lo mismo, me di cuenta que habían transcurrido cuarenta y cinco días sin haber consumido crystal o cualquier otra droga. Antes de encontrar este compañerismo, no podía pasar un día sin usar. Ya estaba recuperando algo de mi sano juicio. En ese momento, sentí un gran alivio espiritual que me dio esperanza y fuerza para continuar mirando al futuro. Y continué poniendo mi voluntad y mi vida al cuidado de Dios para que hiciera lo que yo creía era su voluntad conmigo.

Ahora, acerca del Paso Cuatro: He escuchado muchas opiniones que este Paso es muy difícil porque tienes que dar una mirada a ti mismo. No estoy seguro si fue porque mi padrino fue bastante relajado acerca de éste o quizás fue que yo ya estaba listo, pero este paso fue increíble para mí y no me fue muy difícil. Se me dijo hacer mi lista de resentimientos, como dice en el "Libro Grande", y hacer las columnas. Una vez que había terminado, e incluso un poco antes, estaba listo para ver que había sido mi culpa. Fuera que hubiera fallado en mis acciones para con otras personas o mis actitudes acerca de otras personas, fácilmente pude ver de dónde venía el daño causado a mis relaciones. Si, había algunas cosas sobre las que no tenía control, dónde alguien me hubiera causado dolor. Pero el haber permanecido resentido me hubiera causado más dolor que algo bueno. Estaba listo y dispuesto a dejar ir todos mis resentimientos.

Después de haber completado el Paso Cuatro, platiqué con mi padrino acerca del Paso Cinco. Hablamos de mis experiencias y como mis actitudes y comportamientos me habían afectado a mí y a otras personas alrededor durante toda mi vida. Fui a casa y seguí las instrucciones del Paso Seis, regresé al día siguiente e hice mi Paso Siete con mi padrino. No sé qué tan efectivo sea el Paso Siete, pero todos los días le pido a Dios que remueva mis defectos. Hoy en día no soy perfecto, pero tengo el privilegio de saber que Dios está ahí para ayudarme cuando más lo necesito. Cuándo cometo errores, lo puedo ver, y, de esta manera, tratar de corregirlos sabiendo que no tengo que sentir odio ni resentimientos para conmigo o hacia otra persona.

Acerca del Paso Ocho: Hacer la lista fue fácil. Algunos de ellos vinieron de mi Cuarto Paso, donde había molestado a alguien y pude darme cuenta que yo les había hecho más daño a ellos que ellos a mí. Quizás hubo alguien que nunca me molestó, pero a quienes yo sabía tenía que hacer enmiendas, así que los puse en mi lista. Estaba dispuesta? Yo ya estaba dispuesta a hacer enmiendas incluso antes de comenzar los Pasos, así que esta parte no fue difícil. Tuve que averiguar cómo hacer enmiendas así como cuales causarían daño. Con la ayuda de mi padrino y la de Dios, pude tomar esas decisiones.

El Paso Nueve fue de hecho ir a enfrentar a esas personas y hacer enmiendas. Hice esto en todos los casos en que me fue posible. Y déjame decirte algo, estoy muy agradecido que me guiaron para hacer esto. Pude permanecer concentrado en mi lado de la calle y verdaderamente pude deshacerme de mucho equipaje de mi desastroso pasado. Esto me permitió mirar hacia mi vida futura de una manera mucho más sana. Pude parar de hacer decisiones no muy acertadas o decisiones que más adelante pude haber lamentado. No hablo del deseo de usar drogas, porque para ese entonces el deseo de usar ya se había ido, sino de decisiones acerca de límites con respecto a personas y el tipo de relaciones que quería mantener en mi nueva vida en recuperación. Hice enmiendas a tantas personas como me fue posible y mi vida continuó mejorando.

El Paso Diez es algo que trato de usar todos los días. Algunas veces, necesito la guía del "Libro Grande" de mi padrino para tener claridad. Otras veces, sólo tengo el instinto que me dice que debo hacer algo, que quizás hice algo que tengo que hablar con Dios o con otro ser humano. Aquí es donde me tengo que asegurar que sigo haciendo progresos en mis relaciones con Dios, conmigo mismo, y con aquellos a mi alrededor. Cuando hago el Paso Diez, también hago mi Paso Once: Trato de pasar el rato con Dios para entender lo que quiere que yo haga y en donde puedo ser de utilidad.

Como resultado de estos pasos, estoy sobrio, o recuperado, o como quieras llamarle. Me siento más cerca a Dios y más feliz con mi vida. Recuperé a mis hijos. Puedo ayudar a otros adictos y tal vez ayudar alguien que era como yo antes de alcanzar mi sobriedad. Ya no tengo que estar triste por el dolor que les he causado a otros. Quizás pueda dar esperanza a alguien que la necesite como la necesité yo. Hoy en día, mi propósito primordial es el permanecer sobria y ayudar a otros a alcanzarla también.

Experiencia de los Pasos relato 4
EN UN ALA Y EN UNA ORACIÓN

CUANDO LLEGUÉ A ADICTOS ANÓNIMOS A LA METANFETAMINA (CMA), ESTABA LUCHANDO CON LA RECUPERACIÓN DE UNA ADICCIÓN DIARIA AL CRYSTAL. Usaba crystal como otras personas respiran. Era mi café en las mañanas y mi entretenimiento en las noches. Me aislé de mi familia, estaba enojado y resentido; honestamente creía haber llegado tarde a la repartición del libro de reglas sobre cómo vivir.

En el verano anterior a mi recuperación, me encontré con un amigo que usaba tanto como yo. Él había estado sobrio por treinta días en algo llamado CMA, en la ciudad de Nueva York. Continué usando crystal por seis meses después de eso — pero la semilla había sido plantada en mi ese día. Después de haber perdido otro empleo, tomé una decisión y vendí todo lo que tenía: En una oración y con un poquito de esperanza, me mudé a Nueva York de San Francisco porque había escuchado que había algo llamado Adictos Anónimos a la Metanfetamina allá.

Cuando finalmente llegué a Nueva York, no tiene idea de cómo encontrar a mi amigo que había alcanzado su sobriedad en CMA o incluso cómo encontrar una reunión de CMA. Entonces, sólo dos días después de haber llegado, recibí una inesperada llamada que me trajo a mi primer reunión. Cuando me vine de San Francisco solo le había dicho a una persona que me iría. Y esa misma persona se encontraba en un vuelo, sentada en la misma fila, volando de Nueva York a San Francisco con el otro amigo que había visto el verano pasado, quien había encontrado la recuperación en CMA. La única conexión entre ellos dos era yo. Ellos intercambiaron mi información y me ayudaron a asistir a mi primera reunión.

Esto, creo yo, fue incuestionablemente una intervención divina. Dios hizo por mi lo que yo no pude hacer por mí mismo. La Fe se presentó en mi vida en una forma que me hizo estar dispuesto a seguir adelante con este programa.

Vine a CMA y trabajé el programa de los Doce Pasos que venía del ¨Libro Grande¨ de Alcohólicos Anónimos, teniendo fe que el Universo me cuidaría. Los Doce Pasos que vi en la pared en mi primera reunión prometieron que cambiarían mi vida y hoy estoy aquí para decirte algo: Si lo hicieron. En las reuniones de CMA, escuché a personas que usaron tanto como yo compartir sus historias. Así que hice lo que ellos para alcanzar mi sobriedad. Para mí, era un escenario de problema-solución — una ecuación muy simple. Participé en la comunidad y comencé a tomar pequeños pasos para cambiar mi vida. Tiendo mi cama todos los días, llamo a mi padrino todos los días, atendí noventa reuniones en noventa días. Empecé a ver a Dios en mi vida a través de cambios sutiles y pequeñas coincidencias que creo representa la efectividad de este programa.

Aunque era dolorosamente claro que era un drogadicto sin esperanza, trabajé el Paso Uno admitiendo ante mi padrino que era impotente ante el crystal y que mi vida se había vuelto ingobernable. Mi adicción y mi impotencia a la metanfetamina eran obvias. Mi padrino me pidió un esquema de mi ¨experiencia cuando usaba¨ e identificar los puntos en el tiempo que marcaron mi uso progresivo, desde la primera vez que use ácido la noche del baile de bienvenida hasta el último pase de crystal en el aeropuerto de Las Vegas cuando volaba hacia San Francisco desde Nueva York. Me fijé una fecha límite, con fotos y garabatos. El grado de absurdo de mi impotencia era claro, — nunca había sido capaz de dejar a mi mejor amigo y amante, Tina (crystal). Mi padrino me preguntó, ¨¿Si dejo una bolsita con crystal en frente de ti y salgo de la habitación, qué harías?¨ Le dije que tomaría un poquito de la bolsa y me lo pondría en mi bolsillo para dejar el resto. Yo sabía que no podría controlar ese instinto. Sabía que era impotente. La ingobernabilidad también salió en mi escrito. Seguí el trazo de mi uso y el drama asociado a éste, incluyendo las sobredosis con GHB (La droga de las violaciones), escondiéndome de la policía, la pérdida de tres empleos, tener una gran cantidad de deudas, perder relaciones, y, al final, no poder hacer que mi vida funcionara. No era un efectivo y útil miembro de la sociedad.

Entonces llegué al Paso Dos. Llegué a creer que un Poder Superior a mí mismo podría devolverme el sano juicio. Bueno, no hay había absolutamente nada en mi vida que fuera sano. Mi habilidad para tomar decisiones era dudosa y mis elecciones eran ridículas. Nada funcionaba para mí y culpaba a todos de eso menos a mí. Tú sabes, algunas personas dicen que los Doce Pasos es una lavada de cerebro. Bueno, mi cerebro estaba sucio; necesitaba ser lavado. Para mí, este Paso solo se trató de mirar a la gente a mi alrededor y confiar que este programa había funcionado para ellos. El Paso Uno era identificar el problema y el Paso Dos fue reconocer la solución. Este paso me llevó a la restauración de la fe en mi vida: tomé la decisión de comenzar a creer en un Poder Superior a mí mismo y creer que este podría, tal vez, posiblemente, ¨devolverme el sano juicio.¨ Hoy en día, sé que eso significó que me volvería un adulto, me haría responsable, y que al final me ayudaría a construir una relación con mi Poder Superior.

El siguiente movimiento, el Paso Tres, fue para mi tomar la decisión de poner mi voluntad y mi vida al cuidado de ese ¨Poder¨ — de poner mi vida al cuidado de Dios. Uff!!! Afortunadamente, era un Dios que yo me había creado y que me entendía. Lo podía hacer por completo. En el Paso Dos, mi padrino me preparó para este concepto al pedirme que averiguara a través de otras personas lo que era un Dios de su comprensión. Entonces me di cuenta cuan diferente podría ser el concepto del Poder Superior para cada persona. Para trabajar el Paso Tres, me enseñó acerca de la oración diaria — me pidió que memorizara una oración del ¨Libro Grande¨ de AA. Me ofrezco a Dios (A mi Dios) para que me haga el hombre que necesito ser. Te pido que me liberes de mi egocentrismo para poder servir a otros. Le pedí a mi Poder Superior que me liberará de mis dificultades, los retos que tengo en mi vida, y que mi vida sirviera de ejemplo para otros. Mi padrino que dijo que memorizara esta oración del ¨Libro Grande¨ palabra por palabra para interiorizarla y hacerla mía. Hice eso y funcionó. Fue algo así como mágico, y la verdad es que me ayudó a aceptar la vida en los términos de ella misma. También adherí otro mantra a eso: ¨Dios, mantenme alejado de tu camino.¨ Aceptar los designios de Dios todos los días es difícil para mí, pero es una parte básica de mi programa cuando me despierto en la mañana y cuando me dispongo a dormir en la noche.

Esos primeros tres pasos fueron críticos para poder trabajar mi Paso Cuatro, escribiendo mis resentimientos, en un proceso que me tomó aproximadamente dos meses. No creí haber estado enojado, pero una parte importante de este programa me pidió limpiar las cosas en mi vida que me estaban bloqueando, para hacer un balance de mí mismo y de mi alma. Hacer eso me permitiría sanar. Así que empecé a hacer una lista de las personas, instituciones, cosas y grupos que creía me han habían lastimado. Fui tan específico como pude con las causas de cada resentimiento. Aprendí acerca de los ¨instintos básicos¨ y como, cuando algo o alguien afectó uno de esos instintos básicos, desarrollé un resentimiento. Más importante fue la cuarta columna con ¨mi parte¨ en todo ese asunto. No sólo como contribuí directamente al resentimiento sido a mantener con vida el mismo. En pocas palabras, cómo le eché leña al fuego. Puse todo esto por escrito y comencé a aprender más y más acerca de mí mismo. Aprendí acerca de mi naturaleza hipócrita, mi masivo ego, y mis temores. Puse en papel como esos medios me manejaban, cómo mis otros rasgos de personalidad afectaron a otras personas. También observé mi comportamiento en lo concerniente a relaciones y sexo. Escribí esto en papel y eché una mirada a como mi comportamiento pudo haber lastimado a otros.

En el Paso Cinco, compartí todo esto con mi padrino, la persona que me había estado guiando. Fui tan honesto cómo pude en ese momento. El me mostró patrones de comportamiento en mis resentimientos y me ayudo a darme cuenta que mi hipocresía, mis celos, mi miedo y mi juicio habían afectado mis relaciones y bloqueado mi conexión con un Dios como yo lo concebía.

En ese estado de apertura, entré al Paso Seis y estuve ¨enteramente dispuesto¨ a que se me quitaran todos esos ¨defectos¨ o rasgos de personalidad que estaban estropeando mi libertad. La forma en que estuve ¨enteramente dispuesto¨ fue manteniendo una lista pequeña de los defectos más grandes y comenzar a prácticas acciones opuestas.

Después de haber estado practicando, adherí una nueva oración a mi régimen diario de oraciones, e incorporar esta oración en mi vida fue el corazón de mi experiencia con el Paso Siete. Le pedí a mi Poder Superior que me aceptara con todos mis cosas buenas y malas. Comencé a pedir diariamente que se me removieran esas cosas que me bloqueaban de poder ser útil a mi Poder Superior. Más importante todavía, pedí que se me dieran esas cosas que me permitieran ser un instrumento de servicio. El practicar acciones opuestas fue la clave con esos Pasos. Viví en estos dos Pasos y la oración asociada a ellos en el trabajo, con amistades, con amantes, con mi familia — ellos se convirtieron en una herramienta práctica que podía usar en mi vida.

Entonces me senté con una amiga que había estado sobria por casi veinte años y me ayudó a tomar mi Paso Ocho. Al igual que yo, ella se había enfrentado con destrucción financiera. No había abierto una factura que tuviera que pagar en siete años, y esta amiga me ayudó a hacer una lista de personas a las que ¨hice daño¨ y, lo más crucial para mí, todos mis compromisos financieros. Hacer esta lista fue la primera parte de este Paso para mí y redujo en mucho mis temores acerca de lo que necesitaba hacer para arreglar el daño que había causado en mi vida. Esta lista me dio el conocimiento de lo que estaba enfrente de mí. Esto me preparó para abordar a los que había dañado. Haciendo la lista, me trajo a un posición de estar dispuesto a. Se hizo realista para mí el hecho de poder hacer enmiendas con todos, incluyendo las reparaciones financieras que tendría que hacer.

El paso Nuevo fue y es para mí acerca de tomar acción. Mi daño más grande era financiero, así que tomé una deuda a la vez. Comencé con las deudas debidas a amigos personales y gente que amo. Empecé a pagarles uno a uno. También tuve que echar una mirada honesta a mi conducta en relaciones personales y determinar que tenía que hacer y decir para arreglarlas. Mi padrino me pidió ser específico con mis disculpas, con mis enmiendas. Él incluso le echó una mirada a mi lista del Paso Ocho y eliminó las que creyó que no fueran necesarias. El me pidió recordar que solo hacemos enmiendas a personas cuando el hacerlo no les cause más daño a ellos o a otros. Para algunos de ellos tuve que esperar. Tuve que esperar hasta que tuve dinero suficiente para pagar por un boleto de avión a San Francisco para poder tener conversaciones cara a cara. Otras tenía que encargarme de ellas inmediatamente . Con mis abuelos, quienes ya habían fallecido, fui a visitar su tumba con mi madre y frente a ellos le prometí que siempre sería un hijo del que se pudiera sentir orgullosa. Hoy todavía sigo arreglando los problemas financieros de mi pasado. Tomé una deuda a la vez. Hice el mejor trato posible y fui paciente conmigo mismo y agradecido con mis acreedores, gestores de deuda, y a toda la demás gente que le debía. Después de todo era dinero que yo había gastado, artículos que había comprado, y era, en pocas palabras, dinero que yo debía. Nunca voy a olvidar la alegría de haber podido abrir mi primer cuenta de banco — me tomó más o menos un año. Esa fue una de las primeras señales de que mi vida había empezado a cambiar.

En este punto de mi recuperación, aprendí que mi Paso Diez fue una herramienta que me ayudó a crecer en ¨comprensión y efectividad.¨ En este Paso, practiqué el escribir mis resentimientos día a día. Hice enmiendas inmediatamente cuando me daba cuenta que había dañado a alguien y comprendí que esto era algo que tenía que hacer para mantener mi sobriedad. El Paso Diez es la práctica diaria de los Pasos Tres al Nueve. Es la práctica del programa en acción. Esta práctica de revisar mi conducta diaria me ayudó a ajustar mi comportamiento.

Siguiendo los pasos de esta práctica diaria, vi una relación más cercana con mi Poder Superior en el Paso Once, un ¨Unidad¨ Universal que, para mí, fue el amar a las personas alrededor mío — incluso si me había bloqueado el paso en la banqueta, incluso si no me escuchaban, incluso si la vida no me daba lo que yo quería cuando yo lo quería.

Por esas fechas, tomé a mi primer ahijado y empecé el trabajo de servicio. Mi objetivo en el Paso Doce era practicas los principios del programa en todos mis asuntos y llevar el mensaje, por medio de mis acciones, a otros. Ayudé a organizar la estructura de servicio en el área de Nueva York, comencé a ayudar a otros adictos con sus Pasos, e hice lo posible para asegurarme que el programa que estuvo aquí para mi estuviera aquí para otros en el futuro.

Aprendí cómo ser un adicto entre los adictos, un amigo entre amigos, un hermano, un hijo, un "trabajador entre trabajadores", y un miembro de la sociedad.

Ahora tengo un manual de instrucciones para la vida; estoy lleno con un sentido de propósito; vivo en los Pasos diez, Once y Doce y continuo arreglando los huecos financieros que mi adicción causó.

Hoy día, vivo una vida libre de mi adicción al crystal. Entre más tiempo tengo, menos siento saber. Pero sé que si practico estos Pasos mi vida funciona y tengo una relación con mi Poder Superior. Debido a que trabajé estos Pasos, tuve una experiencia espiritual. Mi vida ha cambiado, y al final, eso es todo lo que yo quería.

Experiencia de los Pasos relato 5
UN PROCESO DE TODA LA VIDA

AL PRINCIPIO DE MI RECUPERACIÓN, MI PROGRAMA CONSISTÍA de reuniones, compañerismo, llamadas a mi padrino y a otros adictos, y pasando la mayoría de mi tiempo libre con otros que aun contaban sus días. Estaba tan alegre y excitado de haber podido encontrar una posible solución a mi falta de esperanza y a mi miseria sin final que todo lo que necesitaba era el apoyo de otros adictos en los primeros meses de sobriedad. Mi experiencia temprana de los Pasos fue solo mirarlos colgando en las paredes de los cuartos y escuchar cuando hablaban y discutían de ellos en las reuniones de Adictos Anónimos a la Metanfetamina que empecé a atender.

Después de mis noventa días, mi padrino me preguntó si quería empezar a ¨trabajar los Pasos.¨ Pensé, claro, porque no? Para los Pasos Uno, Dos y Tres, empezamos leyendo el capítulo correspondiente de AA Los Doce Pasos y Las Doce Tradiciones (Los ¨Doce y Doce¨). Después me daba algo de ¨tarea¨ que consistía en escribir el significado de cada palabra de ese Paso con mis propias palabras así como contestar algunas preguntas. Las preguntas me ayudaron a entender ciertos conceptos como la ¨impotencia,¨ ¨ingobernabilidad,¨ ¨consecuencias,¨ ¨Poder Superior,¨ ¨dándole la vuelta,¨ y ¨haberme devuelto el sano juicio.¨

Cuando terminé de escribirlos, me sentaba con mi padrino a repasarlas. El me hacía preguntas que me hacían pensar más profundamente. En algún punto yo leía el Paso de nuevo y mi padrino me preguntaba si había hecho lo que el Paso decía. Si yo decía que si entonces pasábamos al siguiente paso.

Estos primeros tres Pasos me ayudaron a sentirme cómodo en CMA y aceptar que era un adicto. Trabajando el Paso Uno, llegué a ver cuan impotente era frente al crystal, y como mi vida se había vuelto ingobernable. Llegué a entender lo que significa la adicción en un programa de Doce Pasos: Es una condición espiritual. A medida que revisábamos mi comportamiento en el pasado, me di cuenta que era un adicto, y para mi sorpresa, también un alcohólico.

En el Paso Dos, comprendí que mi Poder Superior no tenía que ser igual a la idea tradicional que tenemos de Dios. Se me dijo que mi Poder Superior podía ser cualquier cosa excepto yo. No estaba seguro de lo que mi Poder Superior era, pero pude aceptar que la ayuda de otras personas, las reuniones, y el apoyo que se me dio en el programa eran fuerzas más fuertes que yo — y quizás más fuertes que mi adicción.

El Paso tres fue duro. No entendía que significaba el poner mi voluntad y mi vida al cuidado de un Dios como yo lo concebía. Me mostré sospechoso y me resistía. Pasé por el proceso de leer el "Libro Grande" y el de los "Doce y Doce", definiendo las palabras de este paso, contestando algunas preguntas y hablando con mi padrino. Dije la oración del Tercer Paso pero la misma no me parecía suficiente. Fui a una tienda de libros y compré el libro de trabajo de el Paso Tres y otro libro acerca de cómo trabajar los Pasos. Leí ambos e hice los ejercicios que ahí venían, más todavía sentía que no era suficiente.

No entendí el concepto que la parte esencial de este paso de "dejar ir" podía ser, y usualmente es un proceso. Yo estaba cambiando, sin embargo, empecé a notarlo de forma muy lenta. Comencé a no sentirme enojado si no alcanzaba el tren subterráneo o si había una larga fila en el supermercado. Decía la Oración de la Serenidad y me daba cuenta que de todas formas no llevaba ninguna prisa. En suma a la Oración de la Serenidad, seguía diciendo la Oración del Tercer Paso y otras simples oraciones. En ocasiones era solo un "Ayúdame" o "Gracias." Ni siquiera sabía a qué le estaba orando, pero tampoco me importaba. El Paso Tres me dio nuevas estrategias para enfrentar situaciones de la vida diaria. A medida que la "nube rosa" de mi reciente sobriedad se levantaba, necesité más que el apoyo social que me había ayudado mis primeros días. Los primeros Tres Pasos me dieron la aceptación a mi problemas, con la esperanza de una mejoría, y una sugerencia sobre cómo lidiar con la vida: Dejar las cosas ir y tratar de vivir en armonía con el mundo.

Para el Paso Cuatro, usé el proceso de escribir mis resentimientos, mis miedos, mis daños sexuales, y mi idea de la sexualidad como se explica en el "Gran Libro." Alguien en la comunidad había creado unos carteles con las columnas descritas en el libro. Trabajé en esos de forma más o menos constante, trayéndolos conmigo en mi mochila para poder usarlos cuando quisiera. Antes de tener la oportunidad de revisarlos con mi padrino, cayó una lluvia torrencial. Mi mochila no era a prueba de agua entonces todo lo que había escrito se convirtió en una sola mancha ilegible en el papel. Me alteré por un minuto, pero después pensé que tal vez eso había sido provocado por mi Poder Superior para que volviera a empezar de cero. Así que escribí de nuevo más profunda y concienzudamente mi Cuarto Paso.

Para mi Quinto Paso, revisé mis nuevos apuntes con mi padrino. Surgieron algunos puntos que apuntaron a mis defectos de carácter. Sospechaba de uno de ellos, pero el otro fue una completa sorpresa. El proceso que el "Libro Grande" sugiere para los Pasos Cuatro y Cinco de verdad funcionaron para mí. En la primera columna, era yo contra el mundo. Y después, sin debate o discusión, la columna cuatro me pidió que viera mi rol en los mismos. Que hice yo para crear esa situación o para hacerla peor? Porque todavía tenía este resentimiento? Esa fue la parte difícil, pero fue por medio de los sentimientos de humildad y honestidad que fui transformado.

El Paso Cuatro me enseño que yo tenía fallas, pero que esa parte de mi — que me habían causado muchos problemas — no eran parte de mi esencia. En los Pasos Seis y Siete, pude hacer uso de esta nueva conciencia. Un mentor en el programa me dio algunos ejercicios para hacer; en los cuáles podía practicar tomando "acciones contrarias" en lugar de actuar en mis defectos de carácter. Esto me acercó a estar dispuesto a que se me removieran estos defectos de carácter. Cuando creí que era tiempo, me hinqué y le pedí al Universo que se llevara esos defectos. Dije la Oración del Séptimo Paso.

Para el Paso Ocho, hice una lista de daños que había a hecho a otros. Para el Paso Nueve, repasé la lista con mi padrino. Él me dijo que no tenía que hacer todas las enmiendas al mismo tiempo. Dividimos nuestras enmiendas en tres grupos: las que haría inmediatamente, las que haría después, y al final las que no estaba seguro si algún día las podría hacer. Ahora que ya han pasado algunos años, no hay nada en ese último grupo. Creo que puedo llegar a hacer todas las enmiendas, y he trabajado en la mayoría de ellas. Algunas requirieron sentarme con alguien y platicar de ellas. Otras cuantas se trataron de pagar dinero. Algunas son enmiendas de vida. Solo hay una enmienda que he evitado por años; sigo diciendo que la haré pero sigo posponiéndola.

El Paso Diez provee una forma práctica de manejar el enfado y el despecho. Esta la sigo usando cada vez que la necesito. En ocasiones me olvido de esta herramienta o creo que no necesito escribir mis resentimientos. Pero amigos del programa son buenos al sugerir que agarremos pluma y papel. Eso siempre ayuda.

No recuerdo el haber trabajado mucho el Onceavo Paso con mi padrino. Mi trabajo en este Paso ha sido más acerca de mi práctica diaria.

También voy a muchas reuniones del Paso Once dónde leen mucho del "Gran Libro" o de los "Doce y Doce" y discuten de este paso. La literatura del programa me ha ayudado a entender el proceso de la oración y la meditación — lo cual creo que me ayuda a hacer lo que está correcto. El orar y el meditar no son algo que se me dé con facilidad. Muchas de mis oraciones son informales — solo como pedir ayuda y decir "Gracias." La meditación en la cual me siento en silencio es difícil para mí. Lo puedo hacer, pero no es fácil, así que tengo que encontrar otras maneras. Una de ellas es cuando cocino ya que mis manos están ocupadas y me encuentro concentrado, pero mi mente puede relajarse y comenzar a trabajar; de esta manera puedo cocinar y meditar al mismo tiempo.

El Paso Doce puso todo esto junto y me hace seguir adelante. Tuve un despertar espiritual — lo que significa que cambié. Los Pasos me han permitido quedarme con las partes buenas de lo que soy mientras me deshago de mis comportamientos de auto-sabotaje, creencias, y sentimientos que creía eran parte de mi carácter. Ahora me doy cuenta que estos no era esencialmente "yo."

Esta transformación sigue sucediendo conforme aplico los Pasos a todos los aspectos de mi vida, especialmente cuando trabajo con otros. Aquí es dónde los Pasos continúan ayudándome. Cada vez que hago el Paso Uno, o cualquier otro Paso, con un ahijado, lo comprendo de una manera más profunda. Con cada cambio en mi vida, hay una oportunidad para aplicar los Doce Pasos. Me he convertido en un hombre diferente con una más y mejor vida, y eso me ha traído nuevas situaciones que demandan todas las herramientas que pueda reunir para seguir adelante. Los Pasos — y las Tradiciones, también — son las herramientas más útiles que tengo.

Recuerdo la primera vez que hice los Pasos. Tenía prisa. Quería terminar. Hoy ya no veo los Pasos — ni la vida — de esta manera. Ahora creo que los Doce Pasos nunca decepcionan y son un proceso de toda la vida.

Experiencia de los Pasos relato 6
BAJA TU PALA

MI PRIMER PADRINO SIEMPRE DECÍA, "NOSOTROS TE PODEMOS AYUDAR A SALIR DE TU HOYO, PERO primero tú tienes que bajar tu pala." Las cosas de inmediato comenzaron a mejorar para mi cuando dejé de meterme crystal y otras drogas en mi sistema. Pero las cosas se volvieron maravillosas una vez que trabajé los Pasos. Ahí fue cuando empecé a escalar fuera del hoyo.

He hecho el trabajo formal de los Pasos de una forma más o menos lenta, pero estoy feliz de haberlo tomado con calma. Aprendí el significado más profundo de cada Paso en mi vida y a establecerse en mi alma. Algunas veces holgazaneé innecesariamente; soy un perezoso de nacimiento (en el sentido literal de la palabra porque nací tres semanas tarde). Y me aterra el cambio, el éxito, el fallar o el ser vulnerable, blah, blah, blah. Algunas veces he hecho el trabajo a "punta de pistola" para librarme de algún particular malestar o desesperación. Cuándo decido que no estoy demasiado asustado para buscar un crecimiento espiritual real — cuándo estoy listo para actuar — los Pasos están ahí, redactados de forma simple, y en el orden correcto.

Algunos de los Pasos han venido a mí por si solos, un regalo de circunstancias psíquicas o simplemente era el tiempo correcto. Cuando llegué a recuperación estaba en el Paso Tres. Había tratado de controlar mi uso de crystal por años con la ayuda de amigos preocupados, un psiquiatra, un terapeuta de reducción del daño. Pero cuando las racionalizaciones y la negación finalmente colapsaron y me encontré en la sala de urgencias — cuándo finalmente toqué fondo — en ese momento de total rendición, paré.

Y no he vuelto a usar crystal ni alguna otra droga. Algo mágico me pasó. La llanto y el temblor pararon. Calmadamente me recosté en mi pequeño colchón y pensé: Ya no puedo con esto, me rindo.

Faltaban algunas semanas antes que yo estuviera listo a admitir todo eso de la impotencia y la ingobernabilidad, aunque por años en mi corazón yo ya sabía que era un desastre, un drogadicto y un alcohólico. Del hospital fui transferido a rehabilitación en Pennsylvania (el nombre sonaba como a un club de golf, pero era un centro estatal que funcionaba a duras penas). Ahí fue que "llegué" al Paso Dos. Estaba en un feliz punto de relajación de mi rendición, escribiendo notas del Primer Paso, y teniendo epifanías diarias en mis terapias de grupo. Llegué hasta la noche antes de irme de vuelta a Nueva York sin tener el ansia de usar crystal. Pero, esa última noche, toda la ansiedad acerca de mi nueva vida explotó, y me encontré fantaseando acerca de un pipa y una desconocido......

Los consejeros y otros adictos me dijeron que orara, que había una opción además del caos y la locura, me dijeron que todo lo que necesitaba era fe que de que hubiera otra manera. Así que, esa noche, cuando estaba cayendo una fuerte tormenta — era como una novela de Brontë o una película de cine negro — me arrastré afuera al porche de mi dormitorio dónde siempre fumaba, me hinqué, y empecé a decir el Padre Nuestro (Yo soy un adicto no practicante; era la única oración que conocía). La repetí una y otra y otra vez y lloré sin parar. Y cuándo la tormenta había pasado y me había calmado, después de que el ansia había pasado, escuche el sonido de un tren a la distancia. Yo iba a estar bien.

Ahora, como dije, los Pasos se supone vienen en orden. Cuando llegué a casa, me dirigí al trabajo. Empecé a escribir una novela de perdida y abandono e hice gráficas de Excel para mostrar mi rápido descenso al uso de fuertes drogas y a enumerar mis pérdidas financieras. Cuándo finalmente llegó el momento de enseñarle a mi padrino mi trabajo (en ese tiempo ya tenía más o menos cinco meses sobrio), él fue maravilloso. "Quiero que vayas y compres unos libros, la serie de mantenlo simple." De hecho, mantenlo simple.

John me mostró entonces (de nuevo en el Paso Cuatro) que eran Doce Pasos, no 12 millas. Los libros me sirvieron mucho porque yo siempre en mi cabeza estaba dispuesto a intelectualizar, siempre listo a citar William James y Carl Jung. Todavía no me instalo de vuelta en mi propio cuerpo. En el transcurso del primer año, detenidamente repasamos los libros para el Uno, Dos y Tres; me dio una humilde pero robusta base, me despojó de las grandes ideas acerca de mí mismo para encontrar un retrato honesto de impotencia y falta de control. Hasta el día de hoy, tengo una grabación muy sencilla que puedo escuchar si tengo ganas de volver a usar crystal. Me ayudó a darme cuenta por la tormenta que había pasado en Pennsylvania, así como que podía elegir entre el sano juicio y la locura si sólo tenía un poco de fe. Al mismo tiempo, calmó mis miedos de que el programa era demasiado religioso, a entender mi Dios amorfo — mi universo que no podía nombrar o describir (él era Budista, por el amor de Dios!). Y en el tres, él dijo de hecho que había sido una bendición tocar fondo aquel día en el pabellón psiquiátrico, para haberme rendido incluso sin saber lo que estaba haciendo. Pero el me insistió en que buscara esa serenidad conscientemente, por medio de simples oraciones y simples ajustes de actitud. Aprendí como respirar por primera vez en mi vida.

Los Pasos no son grandes abstracciones, sino simples actos — directos, cosas de sentido común que a veces no se ni cómo hacerlas. Toma el Paso Cuatro: Agonicé por cerca de un año antes de mostrarle por fin mi lista de resentimientos a John. (La hice de la manera que se describe en el ¨Libro Grande¨ de AA.) Él tomó una mirada a la lista y secamente dijo, ¨Oh, tu eres uno de esos.¨ Había escrito una lista con los nombres de todos los que había conocido a través de toda mi vida y por los que había tenido algún sentimiento. John me dijo que redujera mi lista a sólo unos cuantos. Un resentimiento es ¨un sentimiento que siento repetidamente,¨ no cualquier memoria que quiera limpiar. Que sentimientos duelen todavía? Eso fue algo simple de hacer.

Cuándo vino el tiempo de trabajar el Paso Cinco, tuve que cambiar de padrino. Cómo no había muchos opciones de CMA en Nueva York en ese tiempo, le pregunté a mi amigo John de Cocainómanos Anónimos. Él estuvo más que dispuesto a ayudarme. Joe tiene casi la edad de mi padre, y es padre, así que el tono de nuestra relación desde el principio fue muy serio. Creo que yo necesitaba eso — estaba en una etapa grandiosa en ese entonces, y Joe era muy bueno para decirme cuando me equivocaba aunque no me gustara. Por lo antes dicho, cuándo llegó el tiempo de hablar de mi inventario, Joe fue paciente, amoroso y generoso. Nos sentamos a su mesa por tres horas seguidas probablemente tres semanas consecutivas, y él nunca se mostró crítico, despreciativo o aburrido.

En ese tiempo, me fui a vivir a las Vegas para actuar en un espectáculo. Me alejé de mi grupo de apoyo y me sumergí en el mundo del espectáculo, la carrera que me había decepcionado gravemente unos años antes, mis defectos de carácter se desbocaron. El tiempo era perfecto para trabajar el Paso Seis. Cuándo Joe y yo hablamos, me alentó a tomar notas de los rumores, los enojos, los problemas sexuales, el orgullo herido calmadamente preguntarme: De que me sirve esto? De forma pausada me fui despertando a la idea de que había sido muy consentido, un mimado con auto-compasión. Mi compromiso con el Paso Seis, el estar dispuesto a ser un mejor hombre, es el mejor barómetro de mi sobriedad. Joe vino a visitarme a Las Vegas ese invierno, y fuimos a una iglesia a trabajar el Paso Siete. Leímos la Oración de San Francisco y después nos hincamos a rezar juntos. Todavía no soy un Católico practicante; sigo sin ir a la iglesia y todavía no llamo a mi dios "Dios." Aunque tengo que admitir que esa tarde fue probablemente la experiencia más conmovedora que he tenido en sobriedad. Iglesias, cañones, playas, templos, museos — son lugares de la humildad más profunda, lugar a los que muchos han ido para reconectar con algo más grande que ellos mismos. Cuando terminamos en la iglesia, fuimos al hotel de Joe y descansamos a un lado de la piscina tomando limonada.

Regresé a Nueva York a hacer los Pasos Ocho y Nueve. Mi lista resultó no ser tan grande cómo creí que sería. Al final de mis días usando, me aislé, me convertí en una persona reservada y al único al que dañaba era yo mismo — perdí cheques de pago, perdí oportunidades, perdí amistades, perdí tiempo y perdí el espíritu. Casi todas las personas con las que tenía que disculparme se habían ido desde que había sucedido el gran cambio en mi vida. (Este es otro beneficio de no apresurarse demasiado al trabajar con los Pasos.) Ahora, estoy ahí para mis empleados, compañeros de trabajo, amigos y familiares, y estoy seguro que ellos aprecian eso. He tenido buena suerte con mis enmiendas financieras ya que no tenía muchas de estas. La mayoría de mis enmiendas son las que mis padrinos llamarían "enmiendas de vida." Hoy día trato de no actuar basado en egoísmo. Trato con respecto a los hombres con los que tengo citas románticas. Me aseguro de escuchar a otras personas. Realmente honro a mis padres y les doy la bienvenida en mi vida en lugar de echarlos fuera de ella. Ha dejado huella en mí el hecho de que deberíamos disculparnos con la gente que estamos seguros no volveremos a dañar. Por esta razón, hay algunas personas a las que todavía no he contactado — mi hermano y mi ex-novio.- Esto es un proceso. Algún día llegaré a este punto.

El Paso Diez no es mi mejor Paso. Soy bueno admitiendo rápidamente cuándo me equivoco — y me equivoco muy seguido, así debe ser. Pero rara, muy rara vez escribo rápido mis Cuartos Pasos. El Paso Once también ha sido un reto, aun teniendo un comienzo maravilloso con los Pasos Uno, Tres, Cinco y Siete. No tengo muchos problemas para rezar, aunque no tengo un tiempo ni espacio formal en mi día para hacerlo. Trato de rezar como lo hacen otros, usando viejas oraciones y algunas veces me hinco, para mantener una actitud de humildad en mi cuerpo. Mi práctica de la meditación ha sido informal. En los primeros años de sobriedad, construí un pequeño jardín y pasé horas en la tierra, escarbando, deshierbando, respirando, escuchando. Ahora tengo un perro y he aprendido que el "dar" se ha convertido en lo mejor de mi día. También he intentado prácticas de grupo: voy a un grupo de meditación de forma regular, practico yoga y voy a retiros espirituales cuando mi horario me lo permite. Nunca seré una persona altamente respetada, pero espero que al ir envejeciendo me pueda convertir en una persona que escucha mejor. Alguna vez quise ganar un Oscar o un Premio Nobel. Hoy, solo quiero respirar.

Al principio era un ferviente admirador del "Paso Dos". En mi segundo y tercer año (esa grandiosa etapa que mencioné), antes de enredarme con mi primer inventario, era el Sr. CMA: Comencé media docena de nuevas reuniones, co-fundé el intergrupo de área, y apadriné una docena de ahijados. Tan bueno cómo ese trabajo era, mis motivos eran dudosos. Hoy día, trato de enfocarme en lo que se me pide que haga. Sólo tengo un par de ahijados, doy charlas en reuniones y hospitales ocasionalmente, y hago trabajo esporádico en el comité de literatura. Gracias a la sobriedad — a estos Doce Pasos — tengo un vida personal y profesional muy ocupadas y no tendría el tiempo de ser el Sr. CMA también. Siendo yo mismo, mi sobriedad y el razonable éxito en la vida son más que suficientes. Y probablemente un tipo de servicio en sí mismo para la gente que conozco.

Experiencia de Los Pasos relato 7
DULCEMENTE RAZONABLE

MIS PRIMEROS AÑOS DE DROGADICTO FUERON COMO UNA
CARRERA. NO HABÍA UN DIA QUE PASARA que no quisiera mejorar
usando más droga. Y no estamos hablando de un poco más, es decir, hacía
todo hasta el extremo. Mi filosofía era que si había alguna substancia que
pudiera desearse, entonces yo quería algo de ella — sin importar la que fuera.
Siempre y cuando no me tuviera que sentir sobrio al usarla. La seguridad de
estar drogado y no tener que enfrentar los verdaderos sentimientos era dónde
yo quería estar.

La mariguana fue mi droga principal por una década o más, pero
me gradué al crystal al principio de la década de los 90´s cuándo había en
abundancia. Crystal hizo mi cuerpo subir muy alto. Nunca consideré los
peligros de cambiar de la mariguana al crystal. Nunca pensé acerca de las
consecuencias de mis acciones. El crystal me hacía sentir tan bien que las
consecuencias no eran importantes. Así de mucho amaba esta droga.

El fin para mí fue una juerga de tres años en la que realmente nada
me importaba. Estaba encaminándome a una caída precipitosa, pero no me
importaba. Cocinaba crystal y tenía una cantidad ilimitada de ella pero aún
me sentía lo la mayor parte del tiempo. Tomé la decisión de pedir ayuda y usé
crystal por última vez. Recogí a mi hermana en el aeropuerto y le solté de
un sólo golpe que tenía un problema y necesitaba ayuda. ("Oh, por cierto,"
le dije, "Tengo un laboratorio en mi cocina.") Ella era un soldado y llamó a
un montón de centros de recuperación e intentó limpiar mi departamento.
Fui a mi primera reunión esa misma noche. Recuerdo que me impresionó

darme cuenta que estas personas tenían los mismos problemas que yo; sabía que había encontrado mi hogar. La policía llegó a mi puerta más o menos tres horas después. Dios tiene una forma curiosa de hacer que entiendas su mensaje, y nada es mejor que un pequeño susto para sellar el trato.

Cuando llegué a recuperación estaba realmente mal. Usé drogas por veintidós años, culminando con mi arresto por fabricar metanfetamina. Los meses antes de mi arresto fueron emocionalmente dolorosos aun teniendo una cantidad ilimitada de metanfetamina. Había perdido contacto con todas las cosas que creía eran importantes para mí y no me importaba. Había jugado el deporte de la droga por tanto tiempo, y la única cosa con la que realmente podía contar era más dolor. Estaba listo para la recuperación.

Para mí, el Paso Uno fue parte de mi gran caída. Para cuándo fui arrestado, yo ya sabía que era impotente y que mi vida se había vuelto ingobernable. Mi filosofía de mantener el exterior limpio me mantuvo en mi enfermedad por un largo tiempo. Incluso antes de haber sido forzado a dejar el crystal yo sabía que éste me estaba matando; sólo que no veía la manera de dejarlo.

Conocí a gente feliz en recuperación. Vi que habían encontrado una salida a su dilema. Vi que no había razón por la cual yo no pudiera seguir el mismo camino de vuelta a la salud. Estaba ansioso de empezar con mi nueva vida y motivado para salir victorioso en el proceso. Traté a mi recuperación como si fuera un empleo y trabajé en ella de diez a doce horas diarias. Estaba listo para trabajar de voluntario, me sentaba en la primer fila en las reuniones y pasaba mucho tiempo en el lugar dónde se llevaban a cabo las mismas.

Para el Paso Dos, una mujer maravillosa me regaló mi primer ¨Libro Grande¨. Recuerdo haber estado leyéndolo cuándo movía mis cosas a un pequeño almacén que había rentado antes de irme a la casa de recuperación. Tuve incluso que leer bajo la luz de las velas porque mi habían cortado la electricidad. Recuerdo haber estado leyendo sobre espiritualidad y pensé, claro que No. No era una persona creyente. No fue criado en ninguna religión y me consideraba un ateo — Solía burlarme de la religión organizada. Por suerte, el camino de la recuperación es amplio y espacioso. El programa había anticipado la llegada de alguien como yo y me hizo fácil el comienzo de mi camino espiritual. No había presión alguna: Sólo tenía que mantener una mente abierta. Se me sugirió que estuviera ¨siempre dispuesto a estar dispuesto.¨

Cuándo tuve problemas con el concepto del Poder Superior, recuerdo una reunión dónde el invitado le pidió al grupo que le ayudáramos a escribir una lista de los atributos que hubiéramos querido en nuestro padre. El grupo nombró cosas cómo que él hubiera sido amable, divertido, incondicionalmente amoroso, generoso y honesto. Él dijo que podíamos usar esa lista para crear un Poder Superior como nosotros lo concebimos (que es exactamente como se le llama en el "Libro Grande"— un Dios como nosotros lo concebimos). De repente, me sentí incluido, parte de algo poderoso, y supe entonces que mi propia forma de espiritualidad me serviría muy bien. Siempre y cuando ese Poder Superior no fuera yo mismo, entonces estaría bien. Recuerdo haber estado en una reunión en la playa y sentir una ola abrumadora de calor cuando abrí mi corazón a la idea de algo más grande que mí mismo. El Paso Dos fue un reto, pero una vez que estuve dispuesto, se sentaron las bases para el resto de mi vida. Mi conexión con Dios es lo que hace que mi vida funcione incluso cuando todo parece ir mal.

Eso me llevó al Paso Tres. Yo le llamo a éste el Paso de la compasión. Decidí poner mi vida en manos de Dios para poder hacer Su Voluntad. Para mí, Su Voluntad significa compasión por mi prójimo. Esto significa que tengo que amar al adicto que recién llega a nuestro programa de la misma manera que me amaron a mí. Después de tantos años de sólo preocuparme por mí y de la cantidad de estupefacientes que tenía — o necesitaba, o podía cocinar, o como una gran bolsa compraba todas las cosas, y gente que creí eran importantes — ver que mi misión en la vida era ser desinteresado fue un alivio. Servicio: Esa fue la clave. También adopté la idea de servicio porque lo escuché en una reunión, y la idea de ser desinteresado finalmente había encontrado un lugar en mi cabeza. Yo resumí la Oración del Tercer Paso a "Que siempre haga Tu Voluntad."

Mi voluntad de estar dispuesto a hacer todo lo necesario para escribir un Cuarto Paso completo vino como resultado de estar convencido que la recuperación podría resultar para mí. No tenía que tener fe de que el proceso funcionara. Lo vi con mis propios ojos. Vi a gente feliz y exitosa que me sugirieron que "Encontrara un padrino y trabajo los Pasos." Conocí a mucha gente que me dijo, "La gente inteligente no se recupera, porque creen que pueden hacerlo sólo sin seguir indicaciones." Entonces pensé, Quien creía que era para pensar que era más inteligente que este divino programa?. Creo que inteligente significa adoptar la verdad que está enfrente de tus ojos y actuar al respecto.

Después de algunos meses en recuperación, comencé a ver gente perdiendo la fe, recayendo, haciendo un poco de dinero e irse o simplemente irse enojados por simples reglas de la casa de recuperación. Los vi irse en cantidades que me rompían el corazón — pero también vi a algunos con suficiente buena suerte que regresaron a empezar de nuevo. Era obvio que su ego había resurgido y los había hecho no tener miedo de las consecuencias de ir allá afuera. Podría mi ego sobrevivir mientras reconstruía mi vida?

Me preguntaba eso cuándo otra dura verdad me vino a la cabeza: Si hubiera tenido las respuestas correctas acerca de cómo vivir mi vida, no estaría en ésta situación. Wow! Cuán brutal puede ser la verdad. Si alguna vez hubo una razón para empujar el ego a un segundo plano, esta era la ocasión. También me hizo comprender lo astuto de esta enfermedad. La verdad es que quizás ni siquiera alcance a entender que estoy enfermo. Pueda incluso tomar decisiones basadas en este concepto que me puedan llevar a recaer. Estaba aterrado de las consecuencias de fallar. Aquí se debe entender que no sólo estaba temeroso de las repercusiones criminales, sino también perder más de mi propia vida. Vi el desperdicio que había sido el ser drogadicto por tantos años y estaba determinado a hacer algo mejor con el resto de mi vida. Esto me mantuvo "Dulcemente Razonable."

Esta fue mi mentalidad para el Cuarto Paso. Tenía una buena dosis de miedo para estimularme. Creí que si esta era la forma en que iba a mejorar, entonces debía poner el 100 por ciento de esfuerzo. Tampoco quería pasar por alto cualquier cosa que me pudiera ayudar. Cuando llegó el tiempo de escribir mi Cuarto Paso, no tuve ningún problema para hacerlo. Desde que estado sobrio, mis ahijados han tenido problemas escribiendo su Cuarto Paso. Pero ese no fue mi caso. Poner mis pensamientos en papel no fue fácil, pero, como dije, este era mi boleto hacia una nueva vida y estaba dispuesto a hacer lo que el programa me sugería.

Debido a que presté atención durante las reuniones y escuche a los invitados que conocían los Pasos, para cuando empecé a trabajar con mi padrino, ya tenía un marco de referencia para aceptar la idea de la responsabilidad personal. Nada revienta la burbuja de un adicto — su habilidad para culpar a todos a su alrededor — mejorar que el aceptar la responsabilidad personal. Mi vida comenzó a mejorar cada vez que aceptaba mi responsabilidad por el dolor del pasado. Cabe mencionar que todavía no pensaba de esta manera todo el tiempo, pero debido a lo que se me había expuesto, estaba dispuesto a aprender y a ser enseñado.

Cuando escribí mi Cuarto Paso, me di cuenta que la cuarta columna (mi rol en los resentimientos) fue muy fácil para mí. Cuando leí mi Cuarto Paso con mi padrino, la mayor parte de esa columna estaba terminada, y él me ayudó a comprender los que se me dificultaban un poco. Cuando le pregunté por los presentimientos que había tenido desde niño, me dijo que yo era hoy un adulto, y que si mantenía una buena condición espiritual, tendría el poder de deshacerme de las cosas que me estorbaban. Esta fue una enseñanza muy poderosa y que todavía hasta el día de hoy sigo usando.

Del Paso Cinco en adelante es dónde mi forma de pensar empezó a cambiar teniendo un profundo efecto en mi vida. No estoy seguro porque, pero compartir tus pensamientos más profundos con otro ser humano te cambia la vida. Por todo lo anterior puedo decir que mi experiencia del Paso Cinco fue liberadora. Vi —con una nueva manera de mirar mis sentimientos

— que mucho de lo que me había hecho infeliz lo podía quitar y dejar fuera de mi vida diaria. El cambio en mi manera de pensar no fue fácil ni sucedió de repente. El proceso de entender el enojo y el miedo que creó y alimentó mis resentimientos me tomó un poco de tiempo en filtrarlo. Desde el principio, se me olvidaba de forma muy seguida que tenía una herramienta para hacer mi vida más fácil. Creo que el dolor fue mi gran motivador. Sólo me tomó un par de resentimientos revoloteando en mi cabeza en los que no había trabajado para darme cuenta que la única persona a la que estaba dañando era a mí mismo. Eso fue muy iluminador. La idea de aceptar lo que no puedo cambiar fue esencial para alcanzar la paz. Decidí usar las herramientas de recuperación para sacarles el máximo provecho.

Mi trabajo anterior hizo mi Paso Seis bastante honesto. Estaba listo y dispuesto a que se me removieran esos defectos porque me di cuenta que eran el resultado de mi Cuarto y Quinto Pasos y no había ningún beneficio en mantener esas ideas que tanto dolor me habían causado. También, creí en el programa — e hice lo que éste me sugirió hacer. Debido a que vi que el programa había funcionado para otros, tenía fe que funcionaría conmigo si mantenía una mente abierta, era honesto y estaba dispuesto a intentarlo. Cómo antes mencioné, el dolor de mi vida pasada fue un gran motivador. Estaba más que listo, pero sabía que la remoción de mis defectos era un proceso. Mi padrino me dijo que algunos de mis defectos desaparecerían de inmediato y otros volverían para ser removidos con un poco más de trabajo. Tenía ganas de ver el trabajo del proceso en mi vida.

Yo creo que la palabra humildad es la parte más importante del Séptimo Paso. No le puedo pedir a Dios que me quite mis defectos de carácter si no soy humilde. No puedo ser poderoso, porque sólo Dios lo es y yo sólo soy un siervo. Pero puedo estar ¨lleno de poder¨ como resultado de ser un humilde siervo, siempre y cuando mis defectos e carácter se hayan ido. Para mí, ésta es la esencia del Paso Siete. Yo puedo hacer Su Voluntad sólo si estoy dispuesto a servir siendo veraz y compasivo. Mi ego resurge cuándo mis defectos de carácter regresan. La humildad y el servicio mantienen a Dios enfrente de mí.

Cuándo mi padrino me dijo que usara mi Cuarto Paso para hacer una lista de las personas a las que tenía que hacer enmiendas, pensé, ¿Para qué? Ellos me lastimaron más de lo que los lastimé yo a ellos. Después de pensarlo por algún tiempo, me di cuenta que realmente ofendí a la gente que había lastimado. La idea del proceso de las enmiendas es para limpiar mi lado de la calle. No importa si sólo hubiera hecho el 10 por ciento de daño, todavía tenía que hacer enmiendas de mi parte. Dejar que un resentimiento ocupara un espacio en mi cabeza no era lo que yo necesitaba si quería salir y ser útil a esos alrededor mío. Yo tenía enmiendas por hacer dónde realmente había lastimado a gente; tenía enmiendas financieras; y tenía enmiendas de vida. Entré en acción inmediatamente. Hice varias enmiendas en las primeras semanas. Tenía un guión escrito que usaba cuando me comunicaba con la gente. Hice enmiendas financieras cuando estuve listo. Tenía el deseo de decirle a las personas de qué forma me habían lastimado, pero seguí las instrucciones de mi padrino y me concentré en lo que yo había y lo que podía hacer para mejorar esa situación. En ese entonces no comprendí que poderoso era eso, pero el limpiar mi lado de la calle eventualmente me hizo libre. En mi mente, el proceso de hacer enmiendas fue algo que hice para ayudar a aquellos que había lastimado; en lugar de mirarlo como algo que podía hacer para mejorar mi vida. Siempre mantuve eso en mente. Esto se remonta hasta el Paso Tres sobre como tener compasión por nuestros prójimos (y no sólo para con los adictos). Esto se trataba de limpiar todo el desorden que había causado por mi conducta egoísta. Algunas de las enmiendas las hice después de varios años, cuándo mi actitud y la forma en que guiaba mi vida hicieron cambios obvios en mí. Fue entonces que me decidí a actuar, porque las acciones no son sólo más ruidosas que las palabras, las acciones de hecho gritan.

El Paso Diez, para mí, es el más importante en mi camino. Este es el paso dónde hago consciencia de mí mismo y me hago responsable de mi propio bienestar. Yo creo que una recaída no sucede en un aspiradora. Si no estoy consciente de mí mismo, estoy perdido. Debo tomar acciones correctivas cuando vea cosas negativas en mi comportamiento, de lo contrario le estoy abriendo las puertas a una recaída. Creo en eso firmemente.

El concepto de hacerme responsable de mis acciones — lo cual aprendí en el Cuarto y Quinto Pasos — como algo que me guíe el resto de mi vida no me fue algo fácil de aprender sino hasta que algunos nuevos resentimientos me hicieron sentir que estaba cerca de recaer. Evalué mi estado mental y tomé las acciones necesarias para arreglar mi espiritualidad. Si me sentía mal, era usualmente porque no admitía mi rol en algo. La respuesta fue usar el compañerismo para empezar mi labor de servicio. El servicio siempre funciona. Me sentía en control de mi vida porque podía, con la ayuda del programa, tomar cualquier camino, aceptar cualquier reto o experimentar los altibajos que la vida me pusiera. Que epifanía! Puedo usar el mismo proceso en cualquier cosa que me esté molestando. Siempre y cuando limpie mi casa y confíe en Dios, estaré bien bajo cualquier circunstancia.

Otra herramienta que uso es la Oración de la Serenidad. La uso como una medición todos los días. Repaso mi día: ¿Acepté de manera suficiente las cosas que no puedo cambiar? ¿Tuve el valor para hacer algo en las cosas dónde pude tener la oportunidad de provocar un cambio? Esta no es una tarea fácil. La Oración de la Serenidad es muy poderosa. Debido a que la digo muchas veces en las reuniones, la tomo como algo que se me concede automáticamente si no la aplico a mi vida diaria.

Para el Paso Once, uso la oración y la meditación en mi vida diaria para tener claridad y para renovar la conexión con mi Pode Superior. Casi siempre es el resultado de algún dolor. La mayoría de las veces que estoy en conflicto, es porque no puedo aceptar algo simplemente como es. No siempre puedo ver eso, y tengo que salir lastimado antes de recordar que puedo usar el equipo de herramientas espirituales que siempre traigo conmigo. Cuándo rezo o medito, pido claridad. No pregunto por cosas. Creo que ya tengo las respuestas a mis problemas; es mi inhabilidad de acceder a esas respuestas lo que me trae dificultades. La oración y la meditación abren las puertas a la verdad. Tengo que hacer lo necesario y aceptar la verdad cuando ésta se encuentra frente a mis ojos. El dolor sólo viene cuándo veo la verdad y no la acepto. Otro concepto en el que creo es este: El cambio no es doloroso; la resistencia al cambio causa dolor.

Servicio. Servicio. Servicio. El crecimiento espiritual viene con el servicio. Después de haber trabajado los Pasos y vivir en los Pasos Diez y Once, se me ha dejado con la tarea que me ocupará mi vida en recuperación hasta el día que muera. Ese es el servicio en todas sus formas. El servicio me mantiene sobrio. Yo apadrino, ligero grupos, escribo material, soy voluntario en las reuniones y sirvo en comisiones. Encuentro la recompensa más grande al apadrinar otro adicto, pero no dejo de hacer una por otra. Siempre tengo mi mano levantada listo para servir. Esto me ha llevado a diferentes experiencias a través de los años, pero la verdad inalterable es que el servir ha sido y continuará siendo una gran parte de mi rutina. La compasión hacia otros adictos es el sello de calidad del servicio; es el ideal con el que trato de vivir mi vida.

LLÁMALO FE

RECUERDO HABER INHALADO GASOLINA CUANDO TENIA ALREDEDOR DE 11 AÑOS Y RECUERDO HABERME divertido mucho sintiéndome extraño y como fuera de este mundo. Inhalé tanto que me desmayé. Recuerdo estar rodeado de una turbia blancura y caminando hacia un hombre que se asemejaba mucho a la imagen que yo tenía de Jesús. Yo le decía, "Hey!" pero el giró su cabeza de lado a lado y dijo, "Regresa, todavía no te toca." Desperté en el piso del garaje de mi amigo. Él se había ido. Creo que él pensó que yo estaba muerto — lo cual tal vez fue cierto.

Comencé a beber a los 13, y recuerdo haber sido capaz de hablar con la gente y hacer cosas que siempre había querido hacer pero no me había atrevido aún. En el noveno grado recuerdo haber sido un poco nerd, pero para mi edad podía tocar la guitarra muy bien. Había un chico roquero de cabello largo en mi salón — el tipo de chico que le gustaba a todas las chicas — que cuando me preguntó si me gustaría tocar en un banda no lo dudé por un segundo. Me di cuenta que les atraía a las chicas cuando me dejé crecer el cabello (eran los 80´s). Rápidamente el ir a fiestas y tener sexo con chicas era todo lo que quería hacer. Para cuando tenía 19 años ya bebía y fumaba mariguana todos los días. Mi mamá me echó de casa y terminé sin hogar y en mi primera vez en rehabilitación. Pero no pasó mucho tiempo antes de salir y volver a mi vida de fiesta de antes — dispuesto a probar cualquier droga alrededor — así que cuando tenía 20 años ya me inyectaba crystal. Recuerdo exactamente lo que pensé la primera vez que lo hice: Esto es lo que he estado buscando toda mi vida y esto es lo que haré por el resto de mi vida. Aunque estaba tan satisfecho como nunca antes me había sentido, todavía no era suficiente. Sin embargo supe que había encontrado mi droga preferida. Me sentía como un Dios del sexo y que estaba parado en la cima del mundo. Eventualmente empecé a perder la cabeza, y eso se llevó mucho de la diversión que antes disfrutaba. Desde ver rayos láser en el cielo, hasta pensar que mis amigos eran policías, que los extraterrestres se habían apoderado de los cuerpos de las personas o creyendo que todo mundo me espiaba desde un plano astral o a través de un orificio en la pared el cual nunca encontré. Viajaba en el tiempo y descifraba el código del idioma Inglés. Por un tiempo creí que era el sucesor de Jesús — en otras ocasiones el demonio, un ser de otro planeta y un ángel destructor.

No podía trabajar porque no podía pensar de forma correcta. Las palabras cambiaban justo enfrente de mí; y los números también. Eventualmente los amigos con los que me quedaba se daban cuenta de mi locura y me echaban de sus casas. Recuerdo una vez que fui a la casa de mi mejor amigo — el abrió la puerta un poco y me dijo. ¨Lo siento, amigo, no te puedes quedar aquí.¨ Me convertí en el amigo indeseado. Terminé en la casa de otro amigo. Estaba sentado en el porche de la entrada (porque no confiaba en mi para darme una llave) esperando a que llegara a casa. Estaba frío y nevando. Finalmente me vi a mí mismo de la forma que otros me veían, y pensé, soy patético. No sé cómo no pude ver eso antes. Esta fue mi experiencia con mi último amigo, y después me echó de su casa. Estuve en un centro de desintoxicación por séptima u octava ocasión. Quería una vida mejor para mí mismo pero no quería hacerlo sin crystal. Al mismo tiempo, me di cuenta que, para mí, esas dos cosas no podían estar juntas.

Quería mejorar pero pensé, ¿Por qué intentarlo? Eventualmente usaría crystal de nuevo, vendería todo lo que tenía y terminaría donde mismo. Me sentía sin esperanza. Empecé a buscar a alguien que hubiera estaba sobrio por algunos años y preguntarle como lo habían logrado. No encontré a nadie en ese tiempo, pero alguien que trabajaba en el centro de desintoxicación me dijo, ¨Consigue el 'Libro Grande' y léelo.¨ Mi primer pensamiento fue, estoy mucho más mal que cualquier alcohólico, así que no veo como esto me pueda ayudar. Pero estaba dispuesto a intentar cualquier cosa. Empecé a leer, leí que el hombre del que hablaban en el libro había tenido una revelación que él podría mantenerse sobrio ayudando a otros a mantenerse sobrios. Y pensé, ¨Me pregunto si esto podría también funcionar con el crystal?¨ Así que decidí intentarlo.

Más o menos treinta y seis días después, pensé, Caramba, el estar limpio y sobrio apesta — porque le ayudaría yo a cualquier persona a estar así? Entonces escuché una voz en mi cabeza que decía, ¨Porque no intentas trabajar todos los Pasos y después a ver qué pasa?¨ Así que encontré un padrino y comencé los Pasos. Parte del proceso para mí fue el admitir que era impotente y, honestamente, batallé mucho con esto porque creía que "cualquiera cosa era posible." Creí que de algún modo, de alguna manera, podía controlar el uso de crystal — la gran obsesión — sólo que todavía no hallaba la forma.

Miré hacia atrás a los últimos veinte años de mi vida (tenía más o menos 30 años en ese entonces): todas las oportunidades perdidas, empleos, bienes materiales y el respeto a mí mismo; el tiempo que pasé en las cárceles y en los centros de tratamiento; no tener dinero, sin hogar, gente mirándome por encima del hombro, golpeado, devorado, demente, etc. Un pensamiento me vino a la cabeza. Vale la pena seguir pensando que "todo es posible"? Cuanto más de este infierno estoy dispuesto a soportar? Y pensé, No, no vale la pena. En ese momento admití que era impotente, que el crystal era mi señor y yo el esclavo. Mi vida claramente era ingobernable.

En el Paso Dos me quedé atorado. Creía que algún día me convertiría en un Dios, así que no quería creer que había un poder más grande que eso. Hablé con mi padrino y me dijo, "Esta bien.... pero hay un poder que es más grande que tú en este momento?" Yo había visto evidencia, así que tuve que admitir, "Si, hay un poder que es más grande que yo en este momento." Pero antes de pasar al siguiente paso, todavía faltaba algo del Paso Dos: "... devolvernos el sano juicio." Me di cuenta que estaba demasiado drogado y que nunca volvería a la normalidad, así que no estaba seguro que ese poder superior podría devolverme el sano juicio. Alguien me dijo, "Si buscas, encuentras." Así que busque por más o menos un mes y, de una manera asombrosa, encontré la manera de seguir adelante.

Tenía miedo del Paso Tres porque pensé en todas las cosas que había hecho y la manera en que había hablado contra Dios en el pasado. Si le entrego mi voluntad y mi vida, me tendrá agarrado y hará conmigo lo que le plazca. Pero no quería seguir viviendo de la manera que lo había hecho hasta ahora, así que tomé lo que creí era un gran riesgo. Llámalo fe. Tomé la decisión y, de rodillas con mi padrino, ofrecí mi voluntad y mi vida a Dios.

Con el Paso Cuatro, fui honesto y minucioso. Y el Paso Cinco — compartir cosas — bueno, eso me hizo sentir como solo la mitad de un hombre. No sabía lo que esta persona (mi padrino) iba a pensar de mí, sin embargo el no trató de escupirme o matarme ni nada de eso. Hablamos por un largo rato, y más tarde esa noche medité acerca del Paso Seis por casi una hora. Y entonces, de rodillas le pedí a Dios por algo más o menos así: "Dios, ahora estoy listo para que tomes todo lo bueno y malo. Remueve de mi todos los defectos de carácter que me impiden ser útil a ti y a los demás, y dame la fuerza para hacer tu voluntad. Amén."

En el Paso Ocho, adherí algunos lugares y personas que no estaban en mi Cuarto Paso, y entonces empecé el Paso Nueve. Fui con mi familia y les expresé el arrepentimiento por la manera en que los había tratado en el pasado y dije, "Si puedo hacer algo por ustedes, por favor háganmelo saber." Comencé a hacer enmiendas financieras pequeñas. Al poco tiempo, empecé a ganar buen dinero, pero en lugar de hacer enmiendas financieras, gasté la mayoría de ese dinero en mí mismo. Se podría decir que me salté el Paso Diez y me fui directamente a le meditación.

Mi padrino me dijo que creía que yo necesitaba trabajar en todos Los Pasos otra vez. Le dije, "Estás bromeando? Estoy esperando mi despertar espiritual. No los voy a hacer de nuevo." (Y más o menos una semana después estaba comenzando de nuevo porque había recaído.) Me había dormido en mis laureles; estaba desagradecido y enojado con Dios. Creí que me merecía lo que yo quisiera y empecé a ir a bares y a clubs buscando sexo. Estaba durmiendo con mujeres, tratándolas como objetos y justificando ésto con "honestidad," diciéndoles siempre mis motivos desde un principio. Después de sólo unos días de haber recaído, ya estaba viajando a través del tiempo y comunicándome con todos el mundo en lenguaje de código. Estaba demente. Pero un milagro sucedió — conseguí un nuevo padrino y comencé de nuevo mi sobriedad tan sólo cuatro días después de haberlo estado evitando.

Un día desperté y miré a los dos años pasados que había intentado hacer lo que Dios quería que hiciera, y me di cuenta que eso era exactamente lo que quería. Mientras todavía venía bajando de mi nube de metanfetamina, mi novia — que ahora es mi esposa — vino conmigo y me preguntó si me gustará comenzar una reunión de Adictos Anónimos a la Metanfetamina (CMA). Al principio me resistí, y cerca de un mes después, comenzamos la primera reunión de CMA en Utah.

Hasta el día de hoy tengo un agradecimiento muy grande a esta comunidad. Puedo compartir cosas que la gente no le gustaría escuchar en otras partes, la gente ríe y se identifica con mi historia. Siento que muchos adictos a la metanfetamina hemos encontrado un lugar al que podamos llamar hogar. Hoy día, me vida es maravillosa. He trabajado en Los Pasos varias veces estoy a punto de hacerlo una vez más. Ahora si trabajo en el Paso Nueve. He estado practicando el Paso Diez a lo largo del día y el Diez y el Once en la noche. Estoy involucrado en trabajos de servicio y he estado llevando el mensaje. He sido testigo de muchos milagros y he encontrado una solución. Es un camino y rezo para que no te lo pierdas.

APÉNDICES

I. ¿QUE ES ADICTOS ANÓNIMOS A LA METANFETAMINA?

Adictos Anónimos a la Metanfetamina (CMA) es una comunidad de hombres y mujeres que comparten sus experiencias, fuerza, y esperanza con cada uno, para poder resolver el problema que tienen en común así como ayudar a otros a recuperarse de su adicción al crystal. El único requisito para ser miembro es el deseo de dejar de usar metanfetamina. No hay cuotas ni honorarios para ser miembro de CMA; somos autónomos por medio de las contribuciones de los mismos miembros. CMA no está afiliado a ninguna secta, denominación, política, organización o institución; no desea intervenir en ninguna controversia; así como tampoco respalda o se opone a cualquier causa. Nuestra objetivo principal es llevar una vida en sobriedad y llevar el mensaje de recuperación a aquellos adictos a la metanfetamina que todavía están sufriendo[1].

¹Adaptado con el permiso de Alcohólicos Anónimos

II. LAS DOCE TRADICIONES DE ADICTOS ANÓNIMOS A LA METANFETAMINA

1. Nuestro bienestar común debe tener la preferencia; la recuperación personal depende de la unidad de CMA.
2. Para el propósito de nuestro grupo sólo existe una autoridad fundamental: un Dios amoroso tal como se exprese en la conciencia de nuestro grupo. Nuestros líderes no son más que servidores de confianza. No gobiernan.
3. El único requisito para ser miembro de CMA es querer dejar de usar crystal.
4. Cada grupo debe ser autónomo, excepto en asuntos que afecten a otros grupos de CMA o a CMA considerado como un todo.
5. Cada grupo tiene solo un objetivo primordial: llevar el mensaje al adicto que aún está sufriendo.
6. Un grupo de CMA nunca debe respaldar, financiar o prestar el nombre de CMA a ninguna entidad allegada o empresa ajena, para evitar que los problemas de dinero, propiedad y prestigio nos desvíen de nuestro objetivo primordial.
7. Todo grupo de CMA debe mantenerse a sí mismo, negándose a recibir contribuciones de afuera.
8. CMA nunca tendrá carácter profesional, pero nuestros centros de servicio pueden emplear trabajadores especiales.
9. CMA como tal nunca debe ser organizada; pero podemos crear juntas o comités de servicio que sean directamente responsables ante aquellos a quienes sirven.
10. CMA no tiene opinión acerca de asuntos ajenos a sus actividades; por consiguiente su nombre nunca debe mezclarse en polémicas públicas.
11. Nuestra política de relaciones públicas se basa más bien en la atracción que en la promoción; necesitamos mantener siempre nuestro anonimato personal ante la prensa, la radio y el cine.
12. El anonimato es la base espiritual de todas nuestras Tradiciones, recordándonos siempre anteponer los principios a las personalidades.

Los Doce Pasos y las Doce Tradiciones de Alcohólicos Anónimos han sido reimpresas y adaptado con el permiso de Servicios Mundiales de Alcohólicos Anónimos, Inc (A.A.W.S.). El permiso para reimprimir y adaptar los Doce Pasos y las Doce Tradiciones de Alcohólicos Anónimos no significa que Alcohólicos Anónimos este afiliada a este programa. A.A. es un programa de recuperación del alcoholismo solamente — Usar los Pasos y Tradiciones de A.A., o una versión adaptada de sus Pasos y Tradiciones en conexión con programas o actividades que siguen el modelo de A.A., pero que tratan otros problemas, o en cualquier otro contexto no relacionado con A.A., no implica otra cosa.

Las Doce Tradiciones de Alcohólicos Anónimos

1. Nuestro bienestar común debe tener la preferencia; la recuperación personal depende de la unidad de A.A. 2. Para el propósito de nuestro grupo sólo existe una autoridad fundamental: un Dios amoroso tal como se exprese en la conciencia de nuestro grupo. Nuestros líderes no son más que servidores de confianza. No gobiernan. 3. El único requisito para ser miembro de A.A. es querer dejar de beber. 4. Cada grupo debe ser autónomo, excepto en asuntos que afecten a otros grupos de A.A. o a A.A. considerado como un todo. 5. Cada grupo tiene un solo objetivo primordial: llevar el mensaje al alcohólico que aún está sufriendo. 6. Un grupo de A.A. nunca debe respaldar, financiar o prestar el nombre de A.A. a ninguna entidad allegada o empresa ajena, para evitar que los problemas de dinero, propiedad y prestigio nos desvíen de nuestro objetivo principal. 7. Todo grupo de A.A. debe mantenerse completamente a sí mismo, negándose a recibir contribuciones de afuera. 8. A.A. nunca tendrá carácter profesional, pero nuestros centros de servicio pueden emplear trabajadores especiales. 9. A.A. como tal nunca debe ser organizada; pero podemos crear juntas o comités de servicio que sean directamente responsables ante aquellos a quienes sirven. 10. A.A. no tiene opinión acerca de asuntos ajenos a sus actividades; por consiguiente su nombre nunca debe mezclarse en polémicas públicas. 11. Nuestra política de relaciones públicas se basa más bien en la atracción que en la promoción; necesitamos mantener siempre nuestro anonimato personal ante la prensa, la radio y el cine. 12. El anonimato es la base espiritual de todas nuestras Tradiciones, recordándonos siempre anteponer los principios a las personalidades. Derechos de Autor, Servicios Mundiales A.A., Inc.

III. LECTURAS ADICIONALES E INFORMACIÓN

Si estás interesado en aprender más acerca de Adictos Anónimos a la Metanfetamina, te invitamos a que visites **www.crystalmethanonymous.com**, la página oficial de nuestra comunidad. Ahí encontrarás lecturas adicionales, panfletos, información acerca de cómo comenzar un grupo de CMA, como puedes ser de servicio a la comunidad de CMA, y más.

BUSCANDO HISTORIAS ADICIONALES!

Ésta es la primera edición de la que esperamos se convierta en una colección mucho más grande de experiencias de orgullosos miembros de CMA alrededor del mundo. Si te gustaría compartir tu experiencia, fortaleza y esperanza con otros que buscan recuperarse de su adicción, te invitamos a que nos envíes tu historia personal para consideración y posible inclusión en futuras ediciones. Sólo ve al área de Literatura en https://www.crystalmeth.org y sigue los pasos para enviárnosla.

Nota: Debes completar el formulario de divulgación digital. Todas las historias enviadas se convierten en propiedad de Crystal Meth Anonymous, Inc

Made in the USA
Coppell, TX
28 September 2023

22152656R10059